아프리카 스타트업

BOOK
JOURNALISM

아프리카 스타트업

발행일 ; 제1판 제1쇄 2023년 5월 29일
지은이 ; 이종현 발행인·편집인 ; 이연대
CCO ; 신아람 에디터 ; 정원진
디자인 ; 권순문 지원 ; 유지혜 고문 ; 손현우
펴낸곳 ; ㈜스리체어스 _ 서울시 중구 한강대로 416 13층
전화 ; 02 396 6266 팩스 ; 070 8627 6266
이메일 ; hello@bookjournalism.com
홈페이지 ; www.bookjournalism.com
출판등록 ; 2014년 6월 25일 제300 2014 81호
ISBN ; 979 11 983223 0 2 03300

북저널리즘은 환경 피해를 줄이기 위해
폐지를 배합해 만든 재생 용지 그린라이트를 사용합니다.

BOOK
JOURNALISM

아프리카 스타트업

이종현

: 2023년 초까지 11개의 유니콘이 아프리카에서 탄생했다. 아프리카 대륙은 젊고 풍부한 인구를 기반으로 사용자 확대를 원하는 기업들을 설득할 것이며 부족한 사회 인프라는 스타트업이 개선할 것이다. 어떤 나라의 스타트업 생태계도 처음부터 지금처럼 주목받진 않았다. 미래를 보는 국가라면 아프리카를 놓치지 않는다.

—————————————————————————— 차례

위기를 기회로 만드는 방법

왜 아프리카에 올인all-in하는가? 미국과 중국을 비롯한 강대국의 패권 경쟁이 아프리카에도 일어나고 있다. 중국은 1990년대부터 아프리카에 공을 들여 왔고, 미국은 대통령까지 나서서 막대한 금액을 아프리카에 투자한다고 밝혔다. 우리나라에서 아프리카를 바라보는 관점은 어떠한가? 아프리카 대륙을 머나먼 곳, 빈곤의 대명사이자 원조의 대상으로 생각하는 경향이 있어 그런지 아프리카라는 시장에 관한 관심은 크지 않은 것 같다.

　　지금 상황에서 아프리카 대륙의 스타트업 생태계를 상상해 보라고 하는 것은 욕심일지도 모르겠다. 예상하건대 이 책의 표지를 보고 "아프리카에도 스타트업이 있다고?"라는 생각을 하는 사람들이 많을 것이다. 혹은 "아프리카에 스타트업이 있어 봤자지"라고 여기는 사람들도 있을 것이다. 한 가지 꼭 말해 주고픈 것은, 아무리 우리 관심에서 멀다 해도 아프리카 대륙에 스타트업이 살고 있다는 것이다. 사람들의 인식 속 여전히 가난한 지역으로 자리 잡은 대륙에서 1조 원의 가치를 가지는 유니콘 스타트업까지 탄생하고 있다. 2022년에는 전 대륙에서 유일하게 플러스 성장을 일군 '핫한' 지역이다.

　　아프리카를 주목해야 할 이유는 넘쳐난다. 전 세계가 저출생으로 고통받지만, 아프리카는 이 흐름을 역행한다. 아프리카 대륙의 인구는 그야말로 많고 젊다. 13억 인구, GDP 3조 원을 아우르는 시장으로 활약하기 위해 아프리카대륙자유무역지대AfCFTA를 출범하기도 했다. 아프리카를 알면 알수록 스타트업이 살고 있다는 것이 낯설지 않게 느껴질 것이다. 아프리카 스타트업은 제로 베이스에서 시작해 사회적 문제를 해결하며 성장하고 있다. 바로 이 지점에 주목해야 한다. 일상에 가장 맞닿은 부분에서 혁신을 일으키고 있는 것이다. 다양한 사례를 통해 아프리카 스타트업 생태계에 대해 전하고자 한다. 이 책을 덮었을 때 '아프리카에도 실리콘밸리 같은 스타트업이 있구나', '아프리카 스타트업들이 세상을 변화시키고 있구나'라는 생각의 전환이 생기면 좋겠다.

아프리카 스타트업 생태계는 지금도 성장하고 있고 관심도 커지고 있지만, 시장의 상황을 마냥 긍정적으로만 조명할 생각은 없다. 고공 행진할 것 같던 아프리카 스타트업 생태계도 전 세계적인 경제 침체의 영향을 벗어나지 못하고 2022년 3분기부터 글로벌 투자 위기를 겪었다. 아프리카 대륙의 고질적인 한계도 극복해야 할 요소다. 아프리카 대륙에서 성장한 스타트업이 미국이나 유럽, 중동으로 플립flip하는 사례도 보이고 있다. 현지 스타트업 생태계에서 꿈을 키워 온 인력이 탈脫아프리카를 꿈꾸기도 한다. 안정적이지 못한 거버넌스 및 금융 제도, 부족한 사회 인프라 등의 고질적인 약점이

리스크로 존재하는 지역이기 때문이다.

그래서 이 책이 필요하다. 냉정한 시각은 위기 속에서 빛을 발한다. 아프리카 스타트업 생태계가 더욱 성장할 수 있는 발판을 마련하기 위해, 이 책은 성장과 더불어 문제점을 함께 짚는다. 어떤 국가의 스타트업 생태계도 시작부터 지금과 같진 않았다. 모든 스타트업은 맨땅에서 시작한다. 혁신이라는 단어와 거리감이 느껴지는 아프리카 대륙에서 어떠한 스타트업이 어떠한 어려움을 극복하며 어떻게 성장하고 있는지를 소개하고자 한다. 그들의 이야기 속에서 진정한 스타트업 정신을 발견할 수 있을 것이다. 다시 말해, 이 책은 현실을 냉정하게 바라보고 위기를 기회로 만드는 방법에 관한 이야기다. 어쩌면 모험을 떠나는 모두를 위한 지침서다.

남이 가지 않은 새로운 길을 가려고 할 때 항상 바른길로 인도해 주신 곽재성 교수님, 그리고 나의 모든 선택을 지지해 주는 가족들에게 감사의 말을 전하고 싶다.

진정한 스타트업을 찾아서

이집트 방문기

아프리카의 스타트업 생태계에 관한 연구를 진행하며 나이지리아, 케냐, 남아프리카공화국은 친숙한 느낌이 있었지만, 이집트는 사실 그렇지 않은 곳이었다. 2022년 연말 휴가를 이집트로 떠날 수 있었고, 이집트에 간 김에 스타트업 생태계를 한번 느끼고 오겠다는 다짐을 했다. 아프리카 스타트업 생태계의 빅big 4 중 하나인 이집트는 중동과 가까이 있어 사하라 이남 아프리카와는 다른 특징이 있으리라는 기대가 되었다. 최근 들어 유니콘 스타트업이 많이 생겨나는 지역이라는 점도 기대를 더욱 키웠다. 급하게 이집트 여행이 결정된 후, 비즈니스 전문 소셜미디어 링크드인LinkedIn을 통해 이집트 창업 생태계 관계자와 접촉을 시도했지만, 연말 휴가 기간이라 연결이 잘 되지 않았다. 대신 이집트의 코워킹 스페이스인 스타트업 하우스 카이로Startup Haus Cairo와 콘솔레야Consoleya를 방문했다.

　　스타트업 하우스 카이로는 정말 힙hip하고 코지cozy한 느낌이 물씬 풍겼다. 복잡한 이집트의 중심가에 위치한 오래된 건물 내에 있었는데, 무엇보다도 야외 강연장을 보면서는 여기가 아프리카인지 구분하기 힘들 정도였다. 스타트업 하우스 카이로는 간단하게 말하자면, 이집트 스타트업의 인큐베이터 역할을 하는 지원 시설이다. 누가 어떻게 운영하는지 궁

(좌)크리스마스를 맞은 스타트업 하우스 카이로
(우)스타트업 하우스 카이로의 복도

금했는데, 확인해 보니 독일 기반 엔팩트Enpact라는 비영리 법
인이 운영하고 있었다. 운이 좋게 운영 담당자와 이야기를 나
눌 수 있었다. 독일의 원조 기관인 지아이제트GIZ를 통해 시
작되었으며, 현재는 더 많은 후원자가 참여하고 있다고 했다.
프로그램 역시 다양하게 운영되고 있었는데 원조 기관, 국제
기구 등과의 협업도 활발했다. 주로 초기 스타트업을 대상으
로 교육 및 강연 프로그램, 완제품 출시 전 시장의 반응을 체
크하기 위한 최소 기능 제품(MVP·minimal viable product) 컨설
팅, 입주 시설 등을 제공하는 역할을 하고 있었다. 내가 떠올
린 특유의 이집트 분위기와는 전혀 달랐다.

두 번째로 방문한 콘솔레야는 스타트업 하우스 카이로

콘솔레야의 위치를 알리는 기둥

와는 전혀 다른 모던하고 세련된 코워킹 스페이스였다. 콘솔
레야는 스타트업 하우스 카이로 근처 다운타운에 위치했고,
프랑스 영사관이었던 곳을 최신식으로 개조한 건물을 사용했
다. 스타트업 하우스 카이로가 따뜻한 느낌이었다면, 콘솔레
야는 어딘가 세련된 느낌이 강했다. 스타트업 입주 시설과 코
워킹 스페이스가 5층짜리 건물에 구성되어 있었다. 스타트업
하우스 카이로의 경우 GIZ나 정부의 지원으로 시설을 거의
무료로 이용할 수 있었다. 콘솔레야는 에이아이 이스마일리
아Al Ismaelia라는 부동산 회사가 운영하기 때문에 비용을 지불
해야 사용할 수 있다고 했다. 일일 사용권부터 법인 등록까지
있었다. 법인 등록에 드는 연간 비용은 우리 돈 100만 원이었
다. 시설이 매우 좋아서 그렇게 부담스러운 비용은 아닐 거라

밖에서 본 콘솔레야의 모습

는 생각이 들었다. 또 스타트업그라인드Startupgrind와 같은 글로벌 네트워크를 가진 커뮤니티와 협업하여 다양한 세미나와 행사를 개최하는 등 네트워킹할 수 있는 환경도 완벽했다. 코워킹 스페이스 1층에 잠시 앉아 인터넷을 이용했는데 창밖의 시내와는 완전히 다른 공간 같았다.

관광지와 스타트업 코워킹 스페이스는 분위기부터 달랐다. 이집트의 관광지를 여행하다가 스타트업 관련 공간을 방문하면 순간이동을 한 것 같았다. 이집트에 있는지 한국에 있는지 실리콘밸리에 있는지 헷갈릴 정도였다. 내가 경험한 코워킹 스페이스는 바깥과는 분명 다른 공간이었다. 스타트업 문화가 주는 역동성이 기존의 문화와 섞여 새로운 분위기를 만들어 냈다. 스타트업 문화가 존재하는 이상 아프리카의

콘솔레야 내부

어느 곳에 가더라도 창업자들이 가지는 특유의 활기차고 열
정적인 느낌을 받을 수 있을 것이라는 확신에 찼다. 다시 말
해, 아프리카 스타트업만의 고유한 분위기가 존재한다는 것
이다.

구글이 주목하는 아프리카

"인터넷은 돼? 핸드폰은 터져?" 아프리카 스타트업과 관련된
연구를 하고 있다고 하면 사람들은 의구심 가득한 표정으로
나에게 묻는다. 황량한 사하라 사막, 야생 동물의 천국 사파
리, 유니세프 구호 활동 등을 떠올렸을지 모른다. 어릴 적부터
텔레비전에서 이러한 이미지를 학습해 온 탓에 아프리카와
스타트업을 연관 짓기란 쉽지 않을 것이다. 나 역시도 그랬다.

하지만 아프리카 대륙이 세계가 주목하는 시장이 되었다는 것은 부인할 수 없는 사실이다. 어느덧 아프리카 대륙은 나에게 시장 그 이상이 됐다.

내가 아프리카에 관심을 갖게 된 이유는 다름 아닌 춤이다. 우연히 서아프리카 춤인 '만딩고'를 배울 기회가 있었다. 그 매력에 빠져 만딩고를 추는 일은 취미 생활이 됐고, 4년을 이어 갔다. 당시 나는 국제개발협력학을 공부하고 글로벌 스타트업을 지원하는 일을 하고 있었다. 만딩고로 생긴 관심 덕에 연구 분야 역시 자연스레 아프리카 지역으로 초점이 맞춰졌다. 새로움을 좇다 보니 ICT로도 관심이 확대됐다. 그렇게 아프리카 스타트업과 ICT라는 생소한 연구 분야에 닿게 됐다.

아프리카 스타트업 생태계를 처음 연구하고자 했을 때, 아프리카 스타트업 생태계는 미흡할 것이라는 생각에 가득 차 있었다. 이러한 생각이 선입견이었다는 것을 깨닫기까지 오랜 시간이 필요하지는 않았다. 글로벌 스타트업을 지원하는 일을 하다 보면 현지 관계자들을 만날 기회가 많기 때문이다. 아프리카 스타트업 생태계로 깊이 들어갈수록 새로움이 느껴졌다. 비록 많은 사람의 관심을 받는 분야는 아니었지만, 언젠가는 관심이 모일 것이라 생각했다. 이러한 확신을 가지고 아프리카 스타트업에 대한 정보와 연구 논문 등을 블로그에 소개하기 시작했다. 내가 좋아하고 재미를 느끼는 분야에 집중하다 보니, 어느 순간 '마니아'들이 생기기 시작했고, 관련 분야의 전문가가 필요할 때 나를 찾는 사람들이 많아졌다.

이미 많은 국가와 기업들이 아프리카 스타트업 생태계로 향하고 있다. 구글Google, 페이스북Facebook, 마이크로소프트Microsoft, 비자Visa 등 글로벌 빅테크 기업은 일찌감치 아프리카 시장을 공략하고 있었다. 이들은 아프리카 스타트업 생태계에도 투자 활동을 이어가고 있다. 이뿐 아니다. 개발자를 교육하고 혁신연구개발센터를 구축하기도 한다. 이들의 활동으로 대륙의 부족한 인프라도 개선되고 있다. 앞으로 주요 고객이 될 아프리카 시장과 원활히 소통하기 위해 광케이블, 통신 위성 등에 대규모 투자를 하기 때문이다. 아프리카는 기술에 의해, 기술을 위해 변화하고 있다.

아프리카의 어떠한 점이 전 세계 국가와 기업을 끌어모으고 있는 것일까? 이들은 아프리카에서 어떠한 미래를 찾고 있는 것일까? 아프리카의 잠재력은 바로 인구에 있다. 아프리카 인구는 2020년 10억 명에서 2050년 20억 명으로 증가할 것이라는 전망도 나온다. 출생률도 높을 뿐 아니라 아프리카 대부분 국가의 중위 연령은 20세가 채 되지 않는다. 젊은 인구는 곧 미래의 비즈니스 기회. 아프리카의 성장을 예감하는 국가와 기업은 한발 앞서 전략을 세우고 있다.

아프리카를 향해 대규모 투자를 단행한 대표적인 나라는 미국과 중국이다. 2022년 말, 조 바이든 미국 대통령은 아프리카에 "올인all-in"하겠다고 밝혔다. 3년간 550억 달러, 우리 돈 약 70조 원을 아프리카에 투자한다는 계획이다. 시진핑 중국 국가 주석은 2000년대부터 '일대일로一帶一路 프로젝트'를 통해 대규모 인프라 투자를 진행해 왔다. 이러한 투자는 아프리카 대륙의 개별 국가 단위에만 한정되지 않았다. 아프리카 스타트업 생태계까지 관심이 확대하고 있다. 미국과 중국을 비롯하여 유럽, 일본 등의 많은 투자자가 아프리카 스타트업 생태계에서 활발히 활동하고 있다. 2022년 기준, 스타트업 투자는 전년 대비 8퍼센트포인트 상승했다. 2022년은 모두에게 힘든 해였다. 글로벌 경제 위기 속, 전 세계에서 투자가 성장한 유일한 지역은 바로 아프리카 대륙이다.

유니콘이 사는 곳

아프리카에 유니콘이 있는지 묻는다면, 자신 있게 답할 수 있다. "있다"고 말이다. 우선 뉴욕증권거래소NYSE에 상장된 나이지리아 중심 전자상거래 스타트업 주미아Jumia와 이집트 차량 공유플랫폼 스위블Swvl이 있다. '겨울이 오고 있다Winter is coming'는 말이 유행처럼 번지던 스타트업 투자 위기 상황에서 유니콘에 등극한 스타트업도 있다. 이집트의 핀테크·전자상거래 스타트업 엠엔티 하란MNT Halan은 2023년 2월 유니콘이 되었다. 아프리카에서 탄생한 유니콘 기업만 해도 10개 이상이다. 물론 북미나 아시아 국가의 유니콘 스타트업 수보다는 적지만, 2022년 기준 전 세계에서 유일하게 스타트업 투자가 확대된 곳임을 감안하면 그 의미가 깊다. 스타트업이 있기는 커녕 인터넷도 안 될 것 같은 아프리카 대륙이지만 지금도 빅테크, 슈퍼 앱이 성장하고 있다. 이는 우리가 시장으로서 아프리카를 주목해야 할 충분한 이유가 된다.

아시아 스타트업 생태계의 주요 국가라 하면 중국, 싱가포르, 인도, 한국 등을 이야기한다. 이처럼 아프리카에도 스타트업 생태계를 이끄는 주요 국가가 있다. 이른바 '빅4'라고 불리는 네 국가에 집중되어 있다. 아프리카에는 54개 국가가 있는데, 빅4가 아프리카 스타트업 생태계 전체의 4분의 3 이상을 차지한다. 그리고 나머지 50개 국가가 4분의 1에 몰려 있는 상황이다. 네 국가는 바로 나이지리아, 케냐, 남아프리카공화국, 이집트다. 각각 대륙의 서부, 동부, 남부, 북부 지역을 대표하고 있다. 이들을 빼놓고 아프리카 스타트업을 이야기하긴 힘들다. 전체 아프리카 대륙 스타트업 투자액의 75퍼센트를 차지하고 있기 때문이다.

남아프리카공화국은 아프리카에서 잘사는 편이라는 인식이 있어 스타트업 생태계가 가장 활발할 것으로 여겨지지

아프리카 대륙 주요 국가별 유니콘

구분	기업명	주요 국가	분야	유니콘 등극년도
1	주미아	나이지리아	전자상거래	2016 NYSE(미국) 상장
2	인터스위치	나이지리아	핀테크	2019
3	파우리	이집트	핀테크	2020 EXG(이집트) 상장
4	플러터웨이브	나이지리아	핀테크	2021
5	스위블	이집트	교통	2021 NYSE(미국) 상장
6	오페이	나이지리아	핀테크	2021
7	안델라	범아프리카	에듀테크	2021
8	고원	남아프리카공화국	에듀테크	2021
9	웨이브	세네갈	핀테크	2022
10	치퍼캐시	나이지리아	핀테크	2021
11	엠엔티 하란	이집트	핀테크	2023

만 꼭 그렇지만은 않다. 또 내수가 많은 나이지리아로 향하는 투자가 가장 많을 것 같지만 그렇지만도 않다. GDP, 인구, 시장 크기 등이 스타트업 규모와 꼭 정비례하는 것도 아니다. 이게 바로 사하라 이남 아프리카 스타트업 생태계가 재미있는 이유이다.

곳곳에 널린 페인 포인트

왜 아프리카는 계속 가난할까? 개발학을 공부한 나의 머릿속을 항상 차지하고 있는 질문이었다. 아프리카 스타트업 생태계를 연구하며 스타트업이 실제로 현장에서 사회 문제를 해결하고 있는 모습을 봤다. 스타트업이 아프리카 대륙이 가지고 있는 많은 문제를 해결하는 게임 체인저game changer가 될 수 있다고 생각했다. 2022년 열린 스타트업 액셀러레이터 스파크랩 10주년 데모데이에서 SK그룹의 최태원 회장은 "스타트업도 사회 문제를 해결해야 살아남는다"라는 이야기를 했다. 그 예로 SK그룹의 투자 전문 회사 SK주식회사가 투자한 스타트업 그랩Grab을 소개했다. 동남아시아의 우버로 알려진 스타트업이다. 초창기 그랩은 모빌리티 사업으로 수익을 내기보다 교통 약자에 주목해 어떤 솔루션을 제공할 수 있을지 고민했다고 한다.

스타트업은 페인 포인트를 따라 성장한다. 기업과 ICT 기술이 여러 문제를 해결하고 있다면, 아프리카야말로 스타트업이 필요한 곳이라는 생각이 들었다. 스타트업이 해결할 수 있는 문제가 곳곳에 있을 것이기 때문이다. 그리고 이는 내가 계속 아프리카를 공부하고 연구할 수 있는 이유가 됐다.

회사에서 글로벌 스타트업을 국내에 유치하는 프로그램을 담당한 적이 있다. 아프리카 스타트업은 유독 경쟁력이 약했다. 아프리카에 대한 오랜 질문은 아프리카 스타트업에 대한 질문으로 변했다. 그리고 계속 지켜본 결과, 실제로 그랩의 사례와 같이 아프리카에도 ICT를 활용해 여러 사회 문제를 해결하는 스타트업이 있었다.

스타트업이 문제를 해결한다는 것은 어쩌면 당연한 이야기일지도 모른다. 그건 스타트업의 숙명이자 사명이기도 하다. 하지만 상황에 따라 문제를 정의하는 방법이 다르다는 맹점이 있다. 이렇게 생각하면 수월할 것 같다. 우리나라 스타트업이 정의한 '문제'가 과연 아프리카 국가들에서도 '문제'일까? 각국의 현지 상황을 정확히 파악하는 것이 중요한 이유다. 아프리카와의 교류가 많지 않아 미디어를 통해서만 접할 수 있다는 것이 연구자로서 아쉬운 점 중 하나다. 현지 스타트업 담당자들을 인터뷰하고 현지 정보를 수집하며 아프리카 스타트업 고유의 특징을 찾아가는 방식으로 정보의 한계를 극복하고 있다.

그렇게 찾아낸 아프리카의 스타트업의 특징은 보다 근본적인 문제에 접근하고 있다는 것이다. 상대적으로 부족한 사회적 인프라를 개선하기 위한 스타트업이 성장하고 있다. 오히려 기술의 발달에 정책이 따라가지 못하는 상황도 발생했다. 사회 인프라를 혁신적으로 개선하는데 있어 아프리카 스타트업은 어쩌면 정부보다 더 나은 대안이다. 선진국은 몇

십 년 동안 아프리카에 공적 원조를 이어 왔다. 하지만 그보다 스타트업의 아이디어가 사회에 끼치는 효과가 더 큰 상황이 여럿 관찰되고 있다. 기술자를 육성하여 일자리를 창출하고, 물류 서비스를 개선하고, 모바일을 통해 금융 인프라를 확대하는 등 스타트업의 아이디어가 새로운 시장으로서 아프리카의 가능성을 증명해 내고 있다.

곳곳에 널린 페인 포인트를 해결하는 아프리카의 스타트업, 그 특징 때문인지 유럽이나 미국의 스타트업도 아프리카에 관심이 많다. 하지만 한국의 스타트업은 아직 아프리카에 큰 관심을 보이지 않는 상황이다. 특정 기관에서 단기 용역 위주로 인력을 파견할 뿐이다. 중장기적인 전략이 매우 부족한 상황이다.

앞서 설명했듯 한국을 바라보는 시선으로 아프리카를 바라보면 안 된다. 아프리카에 대한 흔한 착오 중 하나는 아프리카 대륙을 마치 하나의 나라로 여기는 것이다. 아프리카 대륙에 속한 국가들은 각자의 사회 인프라나 문화를 기반으로 성장한다. 거기서 파생된 스타트업 생태계가 모두 같은 모습을 가질 리 없다. 한때 적정기술Appropriate Technology이라는 단어가 많이 사용됐다. 해당 사회의 정치·문화·환경적 조건을 고려해 지속 가능하게 쓰일 수 있는 기술을 말한다. 궁극적으로는 그 사회 공동체의 '삶의 질' 향상을 목표로 한다. 아프리카 스타트업들은 각국의 상황과 환경에 맞게 기술을 성장시키고 있다. 이렇게 만들어진 아프리카 스타트업의 생태계는 국가별로 그리고 도시별로 다른 특징을 가진다.

2023년 초까지 아프리카에서 탄생한 기업 가치가 10억 달러 이상인 유니콘 스타트업은 11개다. 같은 시기를 기준으로 국내 유니콘은 22개였다. 그중 핀테크 유니콘은 두나무, 비바리퍼블리카, 빗썸코리아, 단 세 개다. 나이지리아만 해도 이보다 많은 네 개의 핀테크 유니콘이 존재한다. 기업 공개IPO로 유니콘을 졸업한 회사들도 여럿이다. 그렇다면 이들은 어떤 문제를 해결하며 이렇게 성장했을까? 대표적인 기업을 살펴보려 한다.

주미아

주미아Jumia는 아프리카의 아마존Amazon이라고 불리는 전자상거래 스타트업이다. 20여 개 국가에서 서비스되고 있으며 본사는 독일에 있다. 2012년에 나이지리아 라고스Lagos에서 프랑스 창업자에 의해 설립됐다. 2019년에는 뉴욕증권거래소에 상장하며 직원 4000명의 대기업으로 성장했다. 현재는 전자상거래, 물류 서비스, 결제 서비스까지 제공하고 있으며 10만 명의 활성화 판매자들이 있는 것으로 나타났다. 주미아는 아프리카 대륙 내 최초로 서비스된 전자상거래 플랫폼이라는 타이틀을 가지고 있다. 픽업 센터, 전자 제품 판매와 같은 현지화 전략이 성공의 주요한 원인으로 여겨진다.

한때 주미아가 아마존에 인수된다는 소문이 돌면서 주가가 많이 오르기도 했다. 하지만 2022년 기준 주가가 대폭 하락하여 다양한 구조 조정 작업을 진행하고 있다. 특히 아마존 프라임과 비슷한 동영상 서비스인 '주미아 프라임' 종료를 결정하기도 했다. 식료품 배달 서비스를 폐지하고 무료 배달을 위한 최소 주문 금액을 상향하기도 했다. 주가 반등을 보이지 못하는 상황에서 구조 조정으로 적자의 폭을 줄이고 있다. 위기에 처해 있지만, 그럼에도 불구하고 아프리카의 혁신을 만들고 있는 터줏대감임은 확실하다.

플러터웨이브

플러터웨이브Flutterwave는 지급 결제 서비스를 제공하는 나이지리아 스타트업으로 2016년에 설립됐다. 본사는 미국에 있고, 나이지리아, 케냐, 남아프리카공화국, 가나 등 7개국에 지사가 있다. 전자상거래 사이트에서 물건을 살 때, 결제를 하기 위해 카드 정보나 은행 계좌 정보 등을 입력해 본 경험이 있을 것이다. 플러터웨이브가 그렇다. 기업이나 개인이 운영하는 웹사이트에서 신용 카드, 은행 송금, 모바일 머니 등 결제를 도와주는 서비스다. 플러터웨이브의 지급 결제 서비스는 권역 내 전자상거래가 활발하게 성장하는 데 이바지했다는 평을 받는다. 코로나 시기에는 권역 내 중소기업 제품을 판매할 수 있는 온라인 디지털 스토어를 운영하기도 했다.

2021년 시스템 업그레이드로 인한 오류로 며칠간 거래가 중단되는 사건이 역내에서 큰 이슈가 될 정도로, 사회 전반에 큰 영향력을 끼치고 있다. 플러터웨이브는 아프리카 스타트업 최초의 와이콤비네이터Y Combinator 출신이다. 와이콤비네이터는 에어비앤비Airbnb, 트위치Twitch 등에 투자해 온 세계 최고 스타트업 육성 기관으로 꼽힌다. 페이팔PayPal, 비자Visa, 월드 페이World Pay 등 글로벌 금융사들과 협업 관계에 있는 플러터웨이브는 아프리카 핀테크 분야의 대표라고 볼 수 있다.

안델라

안델라Andela는 아프리카의 IT 인력을 육성하여 기업에 매칭 및 공급하는 플랫폼이다. 본사는 미국에 있고, 나이지리아, 케냐, 르완다, 우간다, 이집트, 가나 등에 교육센터가 있다. 기업 입장에서는 상대적으로 낮은 비용의 능력 있는 원격 인력을 안델라를 통해 구할 수 있다는 점이 매력적인 요인이다. 구직자 입장에서는 본인의 IT 능력을 국가나 기업의 제한 없이 확장할 수 있다. 기업과 인력의 신뢰도를 검증하며 운영하기에 관리도 효율적이다. IT 자원이 부족한 기업이나 스타트업에

컨설팅을 제공하는 '엔터프라이즈Enterprise 서비스'의 경우에
는 개인을 연결해 팀을 구성해 주기도 한다. 정리하자면 숙련
된 일자리에 대한 글로벌 기업들의 고용 이슈를 해결하고 있
는 스타트업으로 볼 수 있다.

　　한국에서도 '개발자 모셔오기' 경쟁이 한창이다. 전 세
계적으로도 숙련된 기술자를 채용하는 것이 이슈가 되어 안
델라 같은 스타트업이 더 주목을 받을 수 있었다. 또한 원격
근무가 가속화된 팬데믹 상황에서 IT 인력을 매칭하는 플랫
폼이 더 크게 성장했다. 안델라의 경우 모국어가 영어라는 강
점을 가지고 있는 우수한 엔지니어를 육성하여 상대적으로
저렴한 인건비로 매칭을 진행했기 때문에 높은 성장률을 기
록했다.

스위블

스위블Swvl은 2017년 이집트에서 설립된 스타트업으로, 대중
교통, B2B(Business to Business), B2G(Business to Government)
차량공유 서비스를 제공한다. 20개국 135개 도시에서 운영되
고 있으며 2022년 기준 본사는 아랍에미리트UAE에 있다. 이집
트의 주요 대중교통인 승합차를 공유하는 비즈니스 모델로
2022년 뉴욕증시에도 상장했다. 저렴한 가격과 신뢰 및 안전
성이 높은 서비스로 상장 이전까지 고도로 성장했다. 상장 이

후 인력 감원, 합병 취소, 일부 국가 서비스 종료 등을 알리고 있기도 하다. 실제로 이집트의 열악한 교통 문제를 스마트하게 해결하는 것으로 주목받으며 10달러로 상장되었지만, 현재는 1달러 내외로 90퍼센트 넘게 주가가 하락하기도 했다.

　　이러한 배경엔 무리한 외형 성장이 있다고 볼 수 있다. 단기간 내 독일의 도어투도어Door2Door, 터키의 볼타인즈Voltines, 스페인의 쇼틀Shotl, 아르헨티나의 비바풀Vivapool, 영국의 지로Zeelo까지 다양한 글로벌 스타트업과 합병하며 몸집을 불려 현금 흐름이 급속히 약화했다는 분석이다. 인수합병으로 외형적인 성장은 했지만, 이로 인해 낮아진 수익성이 중장기적으로 긍정적인 요소로 작용하지 못했다. 글로벌 시장에서의 영향력을 확대하고 싶었던 스위블은 기존에 계획한 콜롬비아, 멕시코, 남아프리카공화국, 미국 진출에 대해서도 보류하기로 했다. 현금 흐름 강화, 경영진 급여 공제, 사무실 공간 축소, 채용 축소 등 비상 경영 체제에 돌입해 이 상황을 이겨내려 하고 있다.

웨이브

웨이브Wave는 빅4 국가가 아닌 프랑스어를 사용하는 문화권인 프랑코폰Francophone에서 태어난 최초의 유니콘이다. 주로 세네갈과 코트디부아르에서 모바일 머니를 제공하는 서비스로, 미국인 두 명이 설립했다. 와이콤비네이터 출신 스타트업으로 설립부터 유니콘 지위에 오르기까지 4년밖에 걸리지 않은 기업이기도 하다. 초창기 외국인 노동자들이 본국에 송금하는 외환 송금remittance 서비스를 제공하는 센드웨이브Sendwave라는 서비스를 제공했다. 그러다 아프리카 현지 금융 서비스의 열악함을 파악 후, 세네갈 등 현지 내 계좌 개설·송금 등을 제공하는 웨이브 서비스를 2017년 세네갈에 설립했다. 센드웨이브에서 스핀오프한 것이다. 이후 기존 외환 송금 서비스는 월드레밋WorldRemit에 합병됐다.

웨이브는 한국의 토스 정도로 생각하면 좋다. 아프리카에는 은행 계좌를 가지고 있는 사람이 적기 때문에 송금 과정이 복잡하고 어렵다. 웨이브는 입출금 기능을 비롯하여 송금, 지로 납부와 같은 금융 서비스를 제공하고 있다. 세네갈에서 점유율이 70퍼센트 정도이며, 이렇게 큰 성장을 한 이유는 송금 비용이 1퍼센트로 매우 저렴하기 때문이다. 다른 경쟁사와 다르게 매출처가 추가 비용을 지불하기도 하고, 스마트폰이 없는 사용자가 거래를 할 수 있는 QR 코드를 제공하기도 하여 현지화가 잘 되었다고 볼 수 있다.

본사가 외국에 있거나 창업자가 외국인인데 아프리카 스타트업이라고 할 수 있는지 물을 수도 있다. 아프리카 국가에 서비스를 제공하고 아프리카 직원을 고용하며 아프리카 시장에서 수익을 거둬 들이고 있다는 점에서 아프리카 스타트업이라고 분명하게 말할 수 있다. 그렇다면 아프리카 스타트업 생태계를 어떻게 봐야 할까? 아프리카는 전 세계 육지의 20퍼센트에 해당하는 크기를 자랑할 뿐 아니라, 54개국 13억이 넘는 인구가 살아가는 곳이다. 아프리카라는 하나의 지역적인 특성으로 설명하기보다 세밀하게 접근해야 한다. 아프리카의 54개 국가는 도시별로 다양한 특성을 보이기도 한다.

다만, 한 가지 말할 수 있는 것은 "아프리카 스타트업은 진정한 스타트업"이라는 점이다. 아프리카 스타트업은 공통적으로 '사회 문제 해결형'이라는 특징을 지닌다. 아프리카 대륙 전체 투자액의 75퍼센트 이상을 차지하는 이집트, 나이지리아, 케냐, 남아프리카공화국의 사례를 통해 아프리카 스타트업 생태계를 들여다본다.

중동 진출의 교두보, 이집트

이집트는 인구가 1억 1000만 명이 넘는다. 아프리카 대륙에서 나이지리아, 에티오피아 다음으로 큰 내수 시장을 가졌다. 국내총생산GDP 역시도 나이지리아, 남아프리카공화국 다음으로 가히 북부 아프리카를 대표하는 경제 대국이라고 할 수 있다. 투자가 활발하게 이뤄지는 중동 지역과 밀접하다는 점도 긍정적인 요인이다. 이러한 지리적 강점을 기반으로 스타트업 생태계가 급속도로 성장하고 있다.

이집트 정부도 나서 스타트업 육성을 위한 벤처 캐피털(VC·Venture Capital) 투자를 확대하고 있다. 수도 카이로 중심으로 생태계가 확대되고 있다. 최근에는 미국에 본사를 둔 플러그앤플레이Plug and Play와 같은 글로벌 액셀러레이터와 현지 액셀러레이터들이 다양하게 활동하고 있다. 특히 글로벌 액셀러레이터, 투자자들은 이집트를 거점으로 활용해 북부 아프리카에서의 사업을 확장하고 있다. 독일, 프랑스 등 유럽과 중동을 겨냥한 정부 주도의 투자 유치 정책도 진행되고 있다.

정부 주도하에 진행하는 스타트업 육성 정책은 대표적으로TIEC(Technology Innovation and Entrepreneurship Center)와 ITIDA(Information Technology Industry Development Agency)가 있다. TIEC는 이집트의 혁신과 창업을 돕는 교육 프로그램으로, 기업가 정신을 주로 다룬다. ITIDA는 인큐베이팅 및 투자 지원 프로그램으로, 주로 디지털 분야의 스타트업을 대상으로 이뤄진다. TIEC는 창업진흥원, ITIDA는 정보통신산업진흥원이라고 생각하면 이해하기 쉬울 것이다. 명확한 핀테크 규제 프레임워크와 이집트 중앙은행의 핀테크 이노베이션 펀드가 만들어지는 등 관련 스타트업의 성장이 기대되는 곳이다. 핀테크 외에도 전자상거래, 헬스 케어, 교육 등 다양한 분야의 스타트업이 성장하고 있으며 유니콘이 탄생하는 등 성과도 보인다.[1]

이집트 소비자의 구매력은 높은 편에 속한다. 사하라 이남 지역과 비교했을 때, 이집트의 내수 시장은 크다. 1억 명이 넘는 인구와 함께 경제도 빠르게 성장하고 있다. 이러한 이점을 기반으로 하기에 이집트 스타트업 생태계는 중동 시장 진출의 교두보로 여겨진다.

인구 깡패 나이지리아

나이지리아 하면 무엇이 떠오를까? 월드컵이나 올림픽 시기 TV로 접하는 운동선수, 가깝게는 모델 한현민 아버지의 출신국을 떠올릴 것이다. 또 나이지리아를 우리나라 포털 사이트에 검색하면 피랍, 해킹 등 부정적인 연관 검색어가 많이 나온다. 나이지리아에 대한 한국의 해석은 문화적 측면에 한정되어 있다. 경제적인 지표를 토대로 한다면 나이지리아 또한 주목해야 하는 시장이다.

나이지리아 또한 풍부한 인구를 자랑한다. 약 2억 2000만 명이다. 인구로 전 세계를 줄 세우면 나이지리아는 여섯 번째, 아프리카 대륙에서는 첫 번째다. 나이지리아는 인구 대국이면서 아프리카 제1의 경제 대국이다. 국내총생산 4400억 달러 수준으로 세계 31위다. 여기서 가장 주목할 점은 성장 속도다. 나이지리아의 인구는 2010년 1억 6000만 명 수준이었다. 채 10년도 되지 않은 시점에 2억 명을 넘어설 정도로 매우 높은 출산율을 기록하고 있다. 전체 인구의 70퍼센트가 청년이라는 점도 눈에 띈다. 이러한 점들은 기사화되어 미디어에 많이 노출되어 있지만, 잘 알려지지 않은 사실이 있다. 스타트업이 나이지리아 사회를 변화시키고 있다는 점이다. 나이지리아는 아프리카에서 가장 많은 유니콘 스타트업을 보유하고 있는 국가이기도 하다.

나이지리아는 50퍼센트가 넘는 실업률이라는 문제를 가지고 있는데, 정부가 나서 스타트업으로 이를 해결하고자 한다. 나이지리아 정부는 2022년 스타트업 법안Startup Bill에 서명을 진행했고, 수도 라고스에 야바콘 밸리Yabacon Valley를 세웠다. 야바콘 밸리는 아프리카 대륙에서 가장 큰 스타트업 생태계로 라고스의 산업단지와 라고스 대학교, 야바 공과대학교와 인접해 있다. 이스라엘의 기술 스타트업 클라스터를 롤모델로 삼고 정부 지원, 산학 프로그램을 확대했다. 그 결과, 야바콘 밸리는 벤처 투자사를 불러 모으며 나이지리아의 스타트업 클러스터로 성장했다. 2022년 스타트업 투자액은 12억 달러, 우리 돈 약 15조 원이며 투자 건수는 189건에 달한다.

아프리카에서 가장 활발한 스타트업 생태계임이 확실하다.

나이지리아 스타트업 생태계에서 전자상거래, 교통, 교육 등 다양한 분야의 스타트업이 활동하고 있다. 특히 지급 결제 시스템, 모바일 머니를 제공하는 핀테크 스타트업이 늘어나고 있다. 인터스위치, 플러터웨이브 등 대표적인 핀테크 스타트업이 나이지리아 출신이다. 유니콘 등극 사례도 많다. 아프리카 대륙 최초의 유니콘 기업 '주미아'도 나이지리아 스타트업이다. 2021년 10월 나이지리아는 아프리카 대륙 최초로 디지털 화폐 이-나이라eNaira를 출시하기도 하는 등 새로운 시도에 거침없다. 세계 2위 암호화폐 비트코인 거래량을 기록한 나라기도 하다.

국제기구가 모이는 케냐

케냐는 우리나라에 여행지로 많이 알려진 국가다. 사파리를 떠올릴 수도 있을 것이다. 케냐의 GDP는 사하라 이남 지역 3위 수준이다. 아프리카 혁신의 아이콘이라고 불리는 모바일 송금 서비스 엠페사M-PESA가 시작된 곳이라는 명성에 걸맞게 모바일 가입자도 90퍼센트가 넘는다. 동아프리카의 IT 강국이라 할 수 있다.

빅4에 속하는 다른 나라와 비교했을 때, 케냐는 더욱 매력적이다. 6퍼센트대의 낮은 실업률과 온화한 기후 조건을 자랑한다. 리스크가 비교적 적은 환경 덕에 글로벌 기업이 많이 진출했다. 구글과 비자는 아프리카 첫 혁신센터를 케냐에 설립했다. 이러한 장점들로 인해 케냐는 글로벌 기업이 아프리카 진출을 계획할 때 가장 처음으로 방문하는 곳이 됐다. 엠페사는 영국국제개발부DFID로부터 자금 지원을 받은 한 연구원의 아이디어에서 시작했다. 금융 인프라 부족 문제를 모바일을 통해 해결하고자 한 시도였다. 이 아이디어는 DFID 챌린지 펀드로부터 100만 파운드를 투자 받았다. 국제개발협력 프로젝트의 대표적 성공 사례로 볼 수 있다. 이처럼 국제기구들이 케냐에 많이 진출해 있으며, 관련 프로젝트를 확대하고 있다.

케냐 스타트업 생태계 성장도 정부의 강력한 의지가 바탕이 됐다. 정부는 혁신 생태계를 구축하기 위해 스타트업 법안을 제정했고, 스타트업 펀드 설립 의지를 밝히기도 했다. 나아가 외국 자본에 개방적인 태도를 보였다. 글로벌 기업과 국제기구가 진출하기 쉬운 환경을 마련한 것이다. 2013년 케냐 정부는 나이로비 외곽에 콘자 테크노 시티Konza Techno City를 구축하며 혁신 생태계 구축했다. 한국과학기술원KAIST이 케냐과학기술원KAIST을 설립하려는 곳이기도 하다. 한국수출입은행의 대외경제협력기금을 통해 2023년 9월 완공을 목표로 진행했다. 정부와 글로벌 기업이 함께 성장하고 있는 케냐는

2022년 기준 나이지리아 다음으로 가장 많은 투자가 일어난 곳이기도 하다.[2]

케냐는 빠른 중산층 성장세와 더불어 높은 모바일 활용률을 보인다. 빠르고 저렴한 ICT 비용은 모바일 결제 이용을 높이는 배경이 됐다. 2022년 기준 케냐의 유니콘 스타트업은 탄생하지 않은 것으로 나타나지만, 2021년에는 투자액이 나이지리아를 넘어섰다는 점을 주목해야 한다. 정부의 지원뿐만 아니라 국제기구 등 신뢰도 높은 기관의 활동이 활발하다는 점이 긍정적으로 작용한 것이다. 소작농과 소·도매업자를 연결하는 푸드테크 스타트업 트위가Twiga와 모바일 결제 플랫폼을 제공하는 핀테크 스타트업 셀루언트Cellulant, 태양열 에너지테크 스타트업 엠코파 솔라M-Kopa Solar 등은 국제금융기구IFC의 투자를 받으며 높은 성장세를 기록하고 있다. 케냐 생태계에는 엠페사 같은 핀테크 스타트업을 비롯해 푸드, 교통, 에너지 문제를 해결하는 기술 스타트업이 활발한 활동을 하고 있다.

최상위 기술자를 보유한 남아공

남아프리카공화국은 익숙할 것이다. 2010년 아프리카 대륙에서 유일하게 빅 스포츠 이벤트 중 하나인 월드컵을 개최했기 때문이다. 남아공은 남부 아프리카의 경제를 이끌고 있다.

6000만 명의 인구가 있으며, 1인당 GDP가 7000만 달러 수준이다. 빅4 스타트업 생태계 중 가장 높은 구매력을 가지고 있다. 남아공은 아프리카 대륙에서 가장 고도의 기술 생태계를 가진 국가로 평가받지만, 높은 실업률 등 경제적 상황이 약점으로 지목된다. 특히 청년 실업률이 높게 나타나고 있다.

또 남아공은 비교적 오래된 스타트업 역사를 가지고 있다. 1990년대부터 벤처 기업들이 탄생하기 시작했으며, 권역 내 스타트업 생태계에서는 가장 기술집약적인 시장으로 여겨진다. 특히 3G 이상의 네트워크를 100퍼센트 활용할 수 있는 국가로 ICT 관련 지표에서 아프리카 대륙 내 최고 수준을 기록한다. 또한 국가경쟁력, 혁신 지수, 부패 지수 등도 상위권에 속한다. 남아공은 전통적으로 아프리카 대륙의 경제를 이끌어 온 국가다. 이러한 점이 스타트업 생태계에도 반영됐다. 앞서 소개한 다른 아프리카 국가의 스타트업은 해외 유학생이나 외국인들이 이끄는 사례가 많았다. 하지만 남아프리카공화국은 자국 대학교 출신 창업가 등 국내 인재의 활약이 눈에 띈다. 또, 다른 아프리카 국가의 스타트업은 새로운 산업을 만드는 경향이 강하다면, 남아프리카공화국의 스타트업은 전통 산업을 기반으로 성장하고 있다는 특징을 가진다.

남아프리카공화국 스타트업은 케이프타운과 요하네스버그 등 경제 도시를 중심으로 민간과 공공이 함께 성장시키고 있다. 교육, 소프트웨어, 교통 분야에서 활발하다. 고도화된 금융 시스템, 벤처 캐피털 네트워크 등 가장 구조적인 스타트업 생태계를 가지고 있다. 이를 기반으로 첨단 기술을 활용한 스타트업들도 많다는 점이 차별점이라고 볼 수 있다. 우리나라 우아한형제들의 배달의민족에 투자한 나스퍼스Naspers와 같은 VC들이 남아프리카공화국 현지 스타트업에 투자를 하고 있다. 세계 시장으로 성장할 가능성도 충분하다.

남아프리카공화국 스타트업 생태계에는 최상위 기술자들이 많이 포진해 있다. 케이프타운 대학교 및 스텔렌보스 대학교 등 우수한 대학을 졸업한 인력을 정부도 나서서 돕고 있다. 남아공 정부는 스타트업의 초기 투자와 오픈 이노베이션을 확대하기 위해 벤처 투자자를 대상으로 과세 공제를 지원하는 섹션 12J 인센티브Section 12J Incentive 프로그램을 운영한다. 또 내셔널 가젤National Gazelles 프로그램을 통해 성장세를 보이는 스타트업을 직접 지원하기도 한다. 남아공에는 B2B나 B2G 스타트업이 많은 편이다. 상대적으로 높은 인프라에 비해 유니콘 스타트업은 적은 편인데, 2022년 기준 스타트업 투자액은 빅4 국가 중에 가장 낮다.[3] 높은 실업률과 정치적 불안이 주요 원인이기도 하지만, '전통 경제 강국'이라는 타이틀이 오히려 발목을 잡기도 한다. 기존 대기업과 글로벌 기업 위주의 환경이 스타트업에는 친화적이지 않기 때문이다.

스타트업 하우스 카이로에서 친구들을 만난 저자의 모습

현지인에게 미래를 묻다

밖에서 보는 아프리카 스타트업 생태계는 이와 같다. 그렇다면 그 안에 있는 이들은 각자 자국의 환경을 어떻게 평가하고 있을까? 아프리카 스타트업 생태계가 성장하기 위해서는 어떠한 부분을 개선해야 한다고 생각할까? 아프리카 스타트업 생태계에 관심을 가진 후, 실제 그 테두리 안에서 활동하고 있는 나이지리아, 케냐, 남아프리카공화국 현지인을 인터뷰했다. 외부의 시선과 내부의 관점은 분명 다를 것이기 때문에 더욱 유효한 논의였다. 사실 인터뷰 전에는 세 국가 공통적으로 부족한 인프라를 개선하고 지원 프로그램을 확대해야 한다고 말하지 않을까 생각했다. 하지만 그들 입에서 나온 답변은 각기 달랐다. 당사자들만 할 수 있는 뼈아픈 충고가 나왔고, 각

콘솔레야에서 친구들을 만난 저자의 모습

국의 특징을 더욱 이해하는 계기가 됐다. 당사자들의 목소리를 더욱 생생히 전하기 위해 그대로 인용한다.

정부에 대한 불신이 많은 나이지리아

젊고 풍부한 인구를 바탕으로 하는 큰 내수 시장과 그로 인한 역동성은 인터뷰에서도 확인할 수 있었다. 아프리카 내 가장 활발한 스타트업 생태계에서 일하는 혁신가답다는 인상도 들었다. 하지만 정부에 대한 불신이 생각보다 높았다. 많은 인터뷰이가 더 성장하기 위해서는 스타트업 친화적인 정책이 필요한 상황이라고 설명했다. 유망한 스타트업이 아무리 좋은 서비스를 런칭해도, 정부가 받쳐주지 않으면 뻗어 나갈 수 없다는 것이다. 몇몇은 이런 문제가 해결되지 않는다면 나이지리아가 아닌 다른 나라로 이전할 계획을 밝히기도 했다.

"정책 때문에 한순간에 투자를 잃은 사람들이 많습니다. 사실 아프리카의 많은 스타트업들이 본사를 나이지리아 밖으로 플립하는 트렌드가 있습니다. 나이지리아 정책은 너무 불안합니다."

"나이지리아 정부에 대한 불신은 나이지리아의 고질적인 문제입니다. 많은 사람들이 정부가 정책에 대해서 신뢰하지 못하고 오히려 비즈니스를 저해한다고 생각하기도 합니다."

"정부가 정책을 내놓을 때 일부 스타트업들은 피해를 받습니다. 스타트업에 친화적인 정책이 절실합니다."

"스타트업 친화 정책은 스타트업 생태계 지원에 큰 영향을 끼치기 때문에 중요합니다. 많은 제약을 받고 있는 분야가 있는데, 정책으로 인한 피해가 일어나지 않도록 정부의 노력이 필요합니다."

비공식 경제를 개선해야 하는 케냐
케냐는 글로벌 기업이나 국제기구가 모이며 아프리카 혁신의

장으로 불렸다. 투자 친화적인 환경을 만들고 있는 정부에 대해서도 스타트업 생태계 관련자들이 높은 신뢰를 보낸다. 하지만 현지인들은 생태계가 더 성장하기 위해서는 내수 부족 문제를 반드시 해결해야 한다는 의견을 밝혔다. 고용 시장 밖, 소위 회계장부에 포함되지 않는 비공식 경제를 개선해야 한다는 목소리도 나왔다.

"케냐의 5100만 명 인구 중에서 높은 소비력을 가진 사람들은 10퍼센트 정도밖에 존재하지 않습니다. 중산층이 30퍼센트 정도 된다고 했을 때, 나머지는 하루에 2달러도 못 쓰는 사람들이 대부분을 차지합니다. 케냐의 내수가 부족하다는 이유가 바로 이것입니다."

"80퍼센트 이상의 일자리가 국가에 신고되어 있지 않은 비공식적 경제 활동입니다. 그리고 여기서 나오는 경제적 소득이 실제 GDP의 40퍼센트 정도입니다. 이러한 비공식적인 경제는 반드시 개선되어야 합니다."

"시장이 있다면 스타트업은 시작하고 성장하는 것이 용이하다고 생각합니다. 하지만 케냐 스타트업 생태계는 때로는 공식적인 등록이나 절차를 요구하지 않기도 합니다."

"스타트업은 특정 틈새시장에서 영향력을 가질 수 있지만, 적은 내수에서 큰 부분을 차지하고 있는 다국적 기업입니다. 아울러, 스타트업이 성장하기 위해서는 비공식적인 경제의 개선도 필요합니다."

초기 투자에 보수적인 남아프리카공화국

남아프리카공화국은 우수한 인프라, 금융 시스템, 산학연을 가지고 있는 국가다. 그럼에도 불구하고, 다른 국가 스타트업 생태계에 비해 특출나게 활성화됐다거나 시장을 리딩leading하고 있다는 생각은 들지 않았다. 반대로 기존 산업이 고도화되어 있어 스타트업 생태계, 특히 초기 스타트업에 대한 투자가 적었다. 작은 기업에 대한 투자에 보수적으로 반응하는 상황이 개선점으로 보였다.

"남아프리카공화국은 아프리카에서 가장 큰 은행을 보유하고 있습니다. 하지만 부채 자금 조달은 고위험이고, 이러한 상황은 특히 초기 스타트업에 적합하지 않습니다. 남아공 은행의 자금 조달 방식은 스타트업보다는 기존 산업의 기업에 더 적합합니다."

"남아프리카공화국에서는 초기 단계의 창업자들에게 투자하는 일이 적고, 실제로 초기 스타트업에 대한 초기 위험을 감수하지 않으려고 합니다. 그래서 자금 조달이 더욱 어렵습니다."

"남아프리카공화국의 재정은 많이 부족하고, 투자의 경우에도 소수의 사람들만 접근할 수 있는 상황입니다. 스타트업들에게 초기 투자 확대가 필요합니다."

"남아공의 많은 기업은 시작하기 위해 엔젤 투자나 보조금이 필요합니다. 하지만 그럼에도 불구하고, 이러한 자금 조달이 많이 일어나는 편은 아닙니다."

다섯 가지 키워드로 이해하기

사람의 생김새가 저마다 다르듯, 각국의 특징도 저마다 다르다. 아프리카 대륙의 54개국도 나라마다 도시마다 다른 문화를 가지고 있다. 다양한 문화에서 성장한 스타트업 생태계는 각기 다른 특징을 지닌다. 한국, 중국, 일본이 모두 아시아권에 속해도, 각자 다른 스타트업 생태계를 형성한 것처럼 말이다. 하지만 단순히 그렇기만 했다면 이 책은 나올 수 없었을 것이다. 각국의 개별성만큼이나 눈에 띄는 것은 이들 생태계가 공유하는 고유한 특성이다. 다른 대륙과 구분되는 아프리카 스타트업 생태계의 특장점이라고 볼 수 있을 것이다. 이를 다섯 개 키워드로 정리해 보자면 다음과 같다. 기술 수준은 적정, 사회 문제는 해결, 인터넷은 모바일, 성장 분야는 핀테크, 투자는 임팩트. 이것만 기억하면 된다.

기술 수준은 적정

각종 첨단 기술이 나오는 가운데 기술 수준은 '적정'을 유지해야 한다는 점이 의아할 수도 있을 것이다. 통신, 인터넷, 경제 상황 등 상대적으로 열악한 인프라 때문이다. 엄청난 기술이 들어가기보다 가볍고 활용도 높은 기술을 이용하는 스타트업이 많다. 다시 말해, 가성비를 중시한다는 뜻이다. 기술 수준이 아예 말도 안 되게 낮다는 것은 아니다. 모바일 데이터를 적게 활용하도록 소위 가벼운 어플리케이션을 제작하는 등의 예가 있다. 드론, 인공지능 등 첨단 기술을 활용한 B2B 스타트업도 있지만, 이용자의 편의에 초점을 맞춘 B2C 스타트업은 그렇지 않다. 이용자들의 활용 수준에 맞추어 적정한 기술을 주로 활용해 급속도로 성장하고 있다.

사회 문제는 해결

적정 기술을 기반으로 사회 문제를 해결하는 것도 아프리카 스타트업 생태계가 가지는 하나의 특징이다. 스타트업은 본래 페인 포인트를 따라 성장한다. 우리나라에서도 일상 속 많은 불편한 부분을 스타트업이 해결하고 있다. 하지만 아프리카 스타트업은 사회 인프라 자체를 개선하고 있다는 점에서 다르다. 정도는 국가의 상황에 따라서 다르지만, 각국의 금융, 법, 제도의 취약성을 스타트업이 보완한다. 우리나라에서는 이제 은행 계좌나 카드가 없는 사람을 찾기가 힘들지만, 아프리카 국가의 경우는 다르다. 스타트업은 이러한 금융 격차에 주목해 모바일 머니 서비스를 만든다. 앞서 언급한 엠페사가 대표적 사례다. 미흡한 주소 체계를 개선하는 것도, 이를 활용해 교통, 물류, 배달에 활용하는 것도 스타트업의 기술이다. 태양열 에너지를 활용해 전기 문제를 해결하는 엠코파 솔라의 사례처럼 사회 인프라의 빈틈을 스타트업이 적극적으로 채우고 있다. 나아가 일부 국가에서는 스타트업이 일자리를 창출하는 역할도 함께 담당하고 있다.

인터넷은 모바일

남아프리카공화국과 같은 일부 국가를 제외하고 아프리카 대륙엔 '닷컴 버블dot-com bubble'이 일어나지 않았다. 나이지리아, 케냐 같은 경우에는 닷컴 버블이 일어났던 1995~2000년 당시 인터넷 사용률이 낮았다. 인터넷을 활용한 비즈니스가 고도화되지 않았고, 따라서 인터넷 관련 비즈니스의 성장 자체가 힘들었던 상황이다.

그사이 스마트폰 혁명이 일어났다. 나이지리아, 케냐 등은 데스크톱 컴퓨터를 건너뛰고 바로 모바일 생태계를 이루게 된 것이다. 우리나라의 경우 데스크톱 컴퓨터의 화면을 모바일로 옮겨야 했다. 초기에는 PC에서 잘 보이지만 모바일에서는 잘 안 보이는 경우도 더러 있었다. 모바일로 직행한 아프리카 국가는 모바일 친화적인 화면을 잘 갖추고 있다. PC에서 모바일로 옮기는 별도의 작업이 필요하지 않아 오히려 효율적이기도 하다. 반대로 컴퓨터에서 잘 안 보이는데, 모바일에는 잘 보이는 사이트가 있을 정도다. 아프리카 대륙을 연구하면서 가장 신기했던 점이기도 하다. 다만, 모바일 화면 크기의 한계와 데이터 비용 문제 때문인지 많은 데이터를 써야 하는 동영상이나 고화질 이미지는 최소화하는 경향이 있다.

성장 분야는 핀테크

아프리카에서 유독 강세를 보이는 분야는 '핀테크'다. 최근 몇 년간 투자를 가장 많이 받은 분야이기도 하다. 아프리카 대륙의 유니콘 스타트업 중 가장 많은 수를 차지하는 것도 핀테크 스타트업이다. 아프리카 핀테크 스타트업의 대표 주자 엠페사는 이른바 '아프리카 핀테크 혁명'이라고 불리며 케냐 전 지역의 전 계층에 다양하게 활용되고 있다. 핀테크 스타트업이 강세를 보이는 이유는 아이러니하게도 금융 접근성이 매우 떨어지는 상황 때문이다. 상대적으로 금융 인프라가 우수한 남아프리카공화국을 제외한 다른 빅4 국가에서 핀테크 산업이 가장 크게 성장하고 있다. 같은 맥락으로 가상화폐도 아프리카 전 지역에서 강세로 나타나고 있다. 특히 나이지리아의 비트코인 거래율은 세계 2위다. 자국 화폐의 불안정성이 이유가 된다. 모바일 머니와 비트코인이 자국 화폐보다 안전하게 느껴지는 것이다. 시간이 조금 흐른 후에 현지 전문가에게 인터뷰 비용을 비트코인으로 지급한다고 홍보하면 참여율이 더 높을지 모르겠다는 생각도 들었다.

투자는 임팩트

아프리카 대륙의 일부 국가는 스타트업법을 제정하여 창업 생태계를 집중적으로 육성하고 있다. 우리나라도 정부가 주도해 스타트업 지원에 나서고 있는 상황이다. 다만, 아프리카 스타트업 생태계에는 국제기구의 투자가 두드러진다는 점에서 차이를 보인다. 개발금융기구나 지역 개발은행 등이 스타트업 지원 프로그램 운영에 활발하게 나선다. 한 가지 안타까운 점은 우리나라도 아프리카 창업 프로그램을 만들기 위한 노력을 시작했지만 영향력이 미미하다는 것이다. 여러 해외 국가는 일찍이 아프리카 현지에서 활동하는 자국 스타트업 육성에 힘쓰고 있고, 글로벌 기업도 아프리카 스타트업 생태계에 큰 관심을 보인다. 하지만 우리나라에서는 아프리카의 미래가 과소평가되어 있는 상황이다. 투자가 적을 수밖에 없다. 무역 상대국으로서의 인식도 매우 낮다. G2에 속하는 미국과 중국이 아프리카 대륙에서 패권 경쟁에 열을 올리고 있고, 유럽 국가와 일본도 아프리카를 새로운 시장으로 주목하고 있는 시점에서 이 부분이 매우 아쉽다.

젊은 대륙의 젊은 창업자

인구 절벽을 앞둔 우리나라 상황에 비추어 보면 아프리카라는 젊은 시장은 꼭 필요하다. 한국은 2020년 기준 경제협력

개발기구OECD에서 출산율이 한 명 미만을 기록하는 유일한 국가다. 2022년 기준 인구는 꾸준하게 감소세를 보이고 있으며, 2070년이면 우리나라 인구가 3800만 명으로 축소된다는 전망까지 나왔다. 정부는 저출산 문제에 예산을 투입하고 있지만, 과연 해결 가능한 문제인지 의구심을 품는 사람도 많다. 정부가 저출산을 극복하기 위해서 이렇게 노력하는 이유는 인구가 경제 지표에 매우 중요한 역할을 하기 때문이다. 특히나 디지털 기기를 활용하고 디지털 서비스를 적극적으로 소비하는 젊은 층의 인구는 글로벌 진출을 앞둔 기업에게 중요한 비즈니스 기회로 비춰진다.

인구 감소는 우리나라만의 문제가 아니다. 중국은 60여 년 만에 처음으로 인구가 감소하면서 2016년 한 자녀 정책을 폐기했다. 세금 감면 및 산모 의료 서비스 제고 등 출산 장려 정책도 펼치고 있다. 일본은 '급박한 위험'을 앞둔 지 오래다. 일본은 저출산 및 고령화를 극복하기 위해 출산 장려 정책 예산을 두 배 늘릴 것을 발표하기도 했다. 또한 고령화에 대처하고자 로봇 공학 기술을 활용하는 등 다양한 시도를 하고 있다. 저출산과 고령화가 중첩되어 실질적인 노동 인력이 줄어드는 문제는 국가에 중대한 위기로 나타난다.

아프리카는 이러한 흐름에 역행하는 대륙이다. 아프리카가 주목받는 이유 중 하나도 바로 인구다. 2019년 기준 아프리카의 출산율은 4.1명으로 전 세계에서 가장 높다. 뒤따르는 오세아니아 2.3명, 아시아 2.0명과 비교하면 거의 두 배 차이를 보인다. 2050년에는 전 세계 인구의 절반이 아프리카에 있을 것이라는 전망도 나온다. 여기에 그치지 않고 아프리카 인구는 젊다. 2021년 기준 아프리카 대륙 내 25세 이하 청년층은 전체 인구 13억 명 중 7억 명을 차지한다. 이미 60퍼센트를 넘어섰고 앞으로 더 확대될 것이다. 또 아프리카 대륙의 평균 연령은 19.7세로 전 세계 평균인 30세보다 낮다. 한국과 일본의 평균 연령이 각각 42세, 48세인 점과 비교하면 훨씬 젊다. 혹자는 기대수명이 낮아 그런 것 아니냐는 의문을 표하기도 한다. 오히려 기대수명은 헬스 케어, 교육, 경제 성장 등의 이유로 늘어난 상황이다. 2010년 56세였으나, 2022년 64세다. 정리하자면, 아프리카 대륙의 기대수명은 늘어났으며 높은 출산율과 낮은 평균 연령을 보인다. 이렇게 젊고 풍부한 인구를 자랑하는 아프리카 대륙은 국가경쟁력 면에서나 비즈니스 면에서나 매력적일 수밖에 없다.

　　아프리카 대륙의 이러한 특징은 스타트업 혁신과도 매우 밀접한 관계를 맺는다. 젊은 창업자들이 아프리카 스타트업 생태계를 변혁하고 있으며, 이들이 형성한 스타트업 문화는 역동적이고 적극적이다. 아프리카의 20~30대가 만드는 역동성을 현지에서 목격하기도 했다. 내가 만난 아프리카 대륙의 젊은 창업가들은 혁신에 대한 확신을 가지고 정부 정책보다 빠르게 움직였다. 창업을 연쇄적으로 반복하는 창업가도 심심치 않게 볼 수 있었다. 창업가를 포함해 스타트업 지원기관, 연구자 등 다양한 이해관계자들은 아프리카 스타트업 생태계에 대해 불안을 느끼기보다 성장에 대한 기대를 품고 있었다. 링크드인 등 글로벌 네트워크 플랫폼을 적극적으로 활용하고, 스타트업 관련 행사도 온오프라인 가리지 않고 활발히 참여했다. 글로벌 네트워크를 만드는 일에 있어서는 오히려 한국보다 적극적이라는 인상을 받았다. 기술에 민감한 젊은 세대들이 아프리카 스타트업 생태계에 역동성을 더하고 있었다. 40대 CEO가 많은 우리나라와 비교하면, 아프리카 스타트업 생태계는 매우 젊다고 할 수 있다. 젊음을 강조하다 보니, 이들의 경력에 의심을 품는 시각도 있을 수 있다. 하지만 내가 만난 이들은 5년 이상 현지 생태계에서 활동한 잔뼈 굵은 창업자였다.

아이뇰루와 사무엘 아보예지Iyinoluwa Samuel Aboyeji는 아프리카 창업계의 대표적인 인물이다. 1991년 나이지리아 라고스에서 태어나 젊은 나이로 창업 생태계에 발을 들였다. 아프리카의 IT 개발 인력을 양성해 글로벌 시장과 연결하는 기업 안델라를 공동 창업했다. 나아가 간편 결제 시스템 어플리케이션 프로그래밍 인터페이스를 만드는 플러터웨이브를 공동 창업했다. 두 회사 모두 유니콘 기업으로 성장했다. 이러한 성공 경험을 기반으로 아보예지는 스타트업에 투자, 코칭, 커뮤니티를 제공하는 퓨처 아프리카Future Afica를 설립했다. 아프리카 스타트업 생태계의 미래를 이끌고 있다고 할 수 있을 정도다. 아보예지는 실리콘 밸리가 투자하는 미래에 아프리카가 포함되기를 간절히 원한다고 밝히기도 했다. 이러한 행보를 바탕으로 2019년 가장 영향력 있는 아프리카인 100인에도 이름을 올렸다.

IT 기술이 자란다

앞서 언급했듯 아프리카에서는 인터넷보다 모바일이 먼저 자리를 잡았다. 모바일 붐은 개발도상국에서 공통적으로 보이는 현상이다. 저가 스마트폰 보급이 확대되면서 지구 곳곳에서 디지털 혁신이 일어나고 있는 것이다. 이러한 국가의 특징 중 하나는 모바일이 PC보다 저렴하다는 점이다. 그리고 사람들이 모바일을 접하면서 PC 통신도 덩달아 확대되는 경향을 보인다. 하지만 인터넷 인프라가 상대적으로 열악하다는 한계가 있다. 국민의 95퍼센트가 스마트폰을 소지하고 있는 우리나라와 비교하면 모바일 사용률이 높다고 할 수도 없다. 아프리카 대륙의 모바일 사용률은 50퍼센트 정도다.

국가별로 격차가 드러나기도 한다. 나이지리아, 이집

트, 남아프리카공화국의 모바일 사용률은 80퍼센트가 넘는다. 반면, 에리트레아, 소말리아, 차드의 경우, 10퍼센트 미만이다. 아직 2G 피처폰을 쓰는 국가도 있다. 하지만 이러한 점은 오히려 기회다. 2G 피처폰에서 스마트폰으로 기기 변경을 하지 않은 인구가 남아있다는 점은 기기 제조사에는 직접적 기회이기 때문이다. 디지털 서비스를 활용하는 기업에도 역시 기회다.

그 전에 해결해야 하는 문제가 있다. 일부 국가에서는 모바일 데이터 비용이 비싸다. 짐바브웨는 1기가바이트당 75달러 수준으로 전 세계에서 가장 비싼 비용을 자랑한다. 자국 내 인프라 구축 정도, 통신사 존재 여부, 통신 정책에 따라 아프리카 내에서도 편차가 심하다는 점은 굉장한 문제다. 수단은 1기가바이트당 2.53달러로 약 8달러 수준인 한국보다 저렴한 수준이다.[4] 이러한 차이는 정보 격차digital divide로 이어진다. 현대 사회에서 정보는 곧 돈이다. 정보 접근성은 빈곤, 불평등, 민주주의 정도에 큰 영향을 끼친다. 때문에 많은 국가와 국제기관이 아프리카의 정보 격차를 해결하기 위해 관심을 기울이고 있다. 여러 국제기구가 아프리카로 향하는 이유 중 하나이기도 하다. 특히 국제기구는 정보 격차 해소와 정보 접근성 증진을 통한 경제 성장에 주목하고 있다. 디지털 리터러시를 향상하기 위한 교육 활동을 운영하고, 국가적인 통신 인프라 구축 사업도 지원한다. 글로벌 기업들도 정보 격차라는 키워드로 다양한 투자를 진행하고 있다. 기업의 사회적 영향력을 고려한 사업일 수 있겠으나, 향후 아프리카를 새로운 시장으로 삼기 위한 투자일 가능성이 높다. 큰 비용이 드는 일이지만 초기 투자를 통해 아프리카 내 인터넷 인프라를 다져 놓으면 향후 사업을 확장하기 용이하기 때문이다. 아프리카의 젊고 풍부한 인구를 따지면, 분명 손해 보는 장사는 아닐 것이다.

핀테크 바람이 분다

IT 기술에 전 세계의 관심이 쏠려 있다. 아프리카 대륙도 예외는 아니다. 핀테크 분야는 앞서 언급한 것 보다 더 많은 잠재력과 국제적 경쟁력을 가지고 있다. 일각에는 아프리카를 '핀테크의 유토피아'라고 보는 시선도 있다. 기술 수준이 높다기보다 핀테크 기술이 대중적으로 활용되어 그로 인해 편의를 보는 사람이 그만큼 많다는 뜻이다.

핀테크 산업을 둘러싼 아프리카 국가는 네 가지 유형으로 나눌 수 있다. 먼저, 금융 시스템이 잘 구현되어 있어 기존 산업을 기반으로 핀테크 산업이 성장하고 있는 남아프리카공화국, 모로코 등이 있다. 모바일 머니에 특화된 국가도 있다. 케냐, 탄자니아, 가나, 우간다 등이다. 나이지리아, 이집트는 핀테크 산업이 비교적 늦게 시작됐음에도 급속히 확대되는 국가에 속한다. 코트디부아르, 카메룬, 세네갈에서는 핀테크 산업이 이제 막 성장하기 시작했다.

아프리카 핀테크 산업의 국제적 경쟁력은 각종 숫자로도 드러난다. 다양한 지표상으로 중상위권에 자리한다. 2021년에 발표된 글로벌 핀테크 랭킹Global Fintech Ranking에 따르면 한국은 26위를 기록했다. 케냐가 31위로 추격하고 있으며, 남아프리카공화국과 나이지리아는 각각 44위, 57위로 100위 안에 안착했다. 또 도시별로 따졌을 때, 케냐의 나이로비가 전 세계 상위 37위에 속한다는 점에서 잠재력을 무시할 수는 없다.

기술과 별개로 주목해야 하는 것은 사용률이다. '모바일 머니'나 '가상화폐'와 같이 모바일 기반 금융 서비스를 활용하고 있는 비율이 매우 높다. 특히 서부 아프리카에서 모바일 머니 사용자가 급격하게 성장했다. 케냐, 탄자니아, 우간다 등 동아프리카의 국가들의 모바일 머니 사용률은 꾸준하게 높다. 모바일 머니 거래량이 전체 GDP의 50퍼센트 수준에 이르기도 한다. 비트코인 등 암호화폐의 사용률도 숫자로 보면 깜짝 놀랄 것이다. 나이지리아는 인구의 32퍼센트가 가상화폐를 사용하고, 1인당 GDP가 2000달러 정도임에도 비트코인 거래액이 미국 다음으로 높다. 중앙아프리카공화국은 2022년 4월 비트코인을 법정화폐로 채택하기도 했다. 모바일 머니, 암호화폐뿐 아니라 간편 지급 결제나 보험과 기술을 결합한 인슈어테크insurtech, 그리고 대출 분야도 성장하고 있다. 아프리카 핀테크 산업의 성장은 지속될 것으로 보인다.

물론 아프리카 대륙에서 핀테크 산업 성장세가 특히 높은 현상은 약한 금융 인프라에 대한 반증이라고 볼 수 있다. 모바일 머니는 계좌나 카드 활용이 어렵다는 문제를 해결하기 위해서 등장했으며, 비트코인과 같은 가상화폐도 자국 화폐 가치의 유동성이 큰 상황에서 대안적인 성격이 강하다. 하지만 이것이 아프리카 스타트업의 특징이다. 사회 문제와 빈틈을 성장의 디딤판으로 삼는 것이다. 더욱이 핀테크 산업은 교통, 배달, 물류 등 다른 산업과도 밀접하게 연관되어 있다. 따라서 아프리카 성장의 촉매제가 되기도 한다.

아프리카는 모바일 머니 사용자가 가장 많은 대륙인 한편, 현금 사용률도 여전히 90퍼센트다. 이는 앞으로 더 성장할 수 있다는 점을 시사한다. 늘어나는 모바일 사용자, 디지털 기술에 친숙한 젊은 인구 등 호재가 많은 아프리카 대륙이다. 가장 문제로 여겨지는 부족한 금융 인프라를 해결하는 것 역시 핀테크 산업이다. 그야말로 혁신을 혁신하는 것이다.

이제 아프리카를 시장으로 볼 수 있을 것이다. 그렇다면 다음은 무엇인가? 아프리카 대륙을 이해하는 것이다. 무역에 있어서 아프리카 내륙 국가는 수출입을 위해 세 개 국경을 넘어야 하는 경우도 있다. 국경을 넘을 때마다 관세 등 비용이 추가되기 때문에 물건의 가격이 비싸진다. 오히려 유럽 국가를 거쳐서 가는 것이 저렴하다. 이처럼 아프리카 대륙은 통합이라는 키워드가 절실한 상황이다. 이러한 문제를 해결하고자 2019년 아프리카대륙자유무역지대(AfCFTA·African Continental Free Trade Area)가 출범했다. 아프리카연합(AU·African Union)에 속한 54개국이 참여한다. 전체 인구 13억, GDP 3조 4000억 달러에 이르는 시장이 탄생한 것이다. 2021년부터 시행되긴 했지만 물류 인프라 개선, 관료주의 철폐 등이 과제로 언급된다. 한편, WTO 사무총장 자리에는 나이지리아 출신 응고지 오콘조 이웨알라Ngozi Okonjo-Iweala가 올랐다. AfCFTA와 WTO 중 어느 곳이 아프리카를 통합할지도 관전 포인트다. 어떻게 되든 아프리카 권역 내 스타트업에게는 성장의 기회다. 국가 간의 경계가 허물어진다는 것은 사업을 확장하기 용이해진다는 뜻이기도 하다.

아프리카에 대한 투자는 현재보다는 미래에 대한 것이다. 아프리카의 가능성을 전부터 예측한 두 나라가 있다. 바로 G2에 해당하는 미국과 중국이다. 미중 갈등이 격화하고 경제

블록화가 심해지며 이들에게 새로운 시장의 필요성이 급증했기 때문이다. 과거 아프리카 시장을 바라보는 세계의 시선은 '자원이 많은 나라', '사회 기반 시설 등 인프라 사업을 벌이기 좋은 나라' 정도였으나 지금은 스타트업 등 혁신 산업에 대한 관심도 높아졌다는 게 특징이다. 아프리카의 인구적 특성, 모바일 확대, 다양한 임팩트 비즈니스의 기회를 보면 충분히 이해되는 대목이다. 우리나라도 간과해서는 안 되는 부분이다.

54개국을 통합하는 법

2015년 아프리카대륙공동체AfCFTA 첫 협상이 시작됐다. 아프리카 대륙에 속한 54개국 중 44개국이 르완다 키갈리에서 열린 설립 협정에 참여했다. 2018년 3월 출범이 결정됐으며 2019년 5월 30일 협정이 발효됐다. 각국의 비준을 거쳐 같은 해 7월 7일 니제르 정상회의에서 본격 선언됐다. 코로나19로 본래 계획에서 1년 연기된 2021년부터 시행됐다. AfCFTA는 단일 공동체로서 유럽연합(EU·European Union)을 능가한다. 세계에서 가장 큰 규모이다. 성장하고 있는 아프리카의 국가들이 하나의 경제공동체로 모인다는 점에서 미래에 엄청난 시너지가 기대된다.

그간 아프리카 권역 내 교역 규모는 14.5퍼센트였다. 아시아 52퍼센트, 유럽 72퍼센트라는 점을 감안하면 절대 활발한 편이 아니었다. 무역 장벽 탓에 육로로의 이동은 힘들고, 국가 간 교류도 쉽지 않았다. 또 이런 경우도 있었다. 카카오 생산량 1위 국가는 코트디부아르다. 코트디부아르는 프랑스에 카카오 원료를 수출하고, 메이드 인 프랑스Made in France 초콜릿을 다시 수입한다. 그리고 코트디부아르에서 한국보다 비싼 가격에 판매된다. 물론 초콜릿 제조 역량 차이가 큰 이유겠지만, 카카오 생산량이 가장 많은 국가가 가장 비싼 초콜릿을 먹어야 하는 상황은 조금 아이러니하다. 영향력을 키우기 위해 아프리카 대륙을 통합하고자 하는 시도가 아예 없지는 않았다.

- 아랍-북아프리카 지역 공동체(AMU·Arab Maghreb Union)
- 동부 및 아프리카공동체(COMESA·Common Market for Eastern and Southern Africa)
- 사헬 사하라 공동체(CEN-SAD·Community of Sahel-Saharan States)
- 동아프리카 공동체(EAC·East African Community)
- 중앙아프리카 공동체(ECCAS·Economic Community of Central African States)
- 서아프리카 경제공동체(ECOWAS·Economic Community

of West African States)

- 동아프리카 경제공동체(IGAD · Intergovernmental Authority on Development)
- 남아프리카 공동체(SADC · Southern African Development Community)

이처럼 아예 아무것도 없는 상태에서 갑자기 AfCFTA가 만들어진 것은 아니다. 각각의 공동체가 분리되고 중복되어 있다는 문제가 있지만, 통합을 위한 시도는 전부터 있었다. AfFTA의 등장으로 통합이 완성됐다는 뜻은 아니다. 에리트리아는 AfCFTA에 참여하지 않았는데, 인접한 에티오피아와의 국경 분쟁이 이유일 것으로 추정된다. 이렇듯 지역 안보의 문제도 남아 있고, 인프라 차이도 크기 때문에 해결해야 할 문제가 많은 것이 사실이다. AfCFTA의 발효가 된다고 기존에 만들어진 공동체가 사라지는 것도 아니지만, AfCFTA는 비교적 많은 국가가 한 데 모였다는 점에서 상징적이다.

주목해야 할 것은 세계 무대에서 아프리카의 영향력이 커지고 있다는 점이다. 응고지 오콘조는 세계 최초의 아프리카 출신이자, 세계 최초의 여성 세계무역기구WTO 수장이다. 2021년 2월, WTO 총회에서 164개국의 만장일치로 당선되었다. 우리나라의 유명희 산업통상자원부 통상교섭본부장이

WTO 사무총장 최종 후보 2인에 오르면서, 국내의 주목도 받았다. 당시 국내 언론은 유명희 통상교섭본부장의 강점에 초점을 맞췄기 때문에 상대적으로 오콘조의 이력을 과소평가하는 경향이 있었다. '아프리카 흑인 여성'이라는 프레임에 그쳤다. 하지만 오콘조는 세계은행WB에서 25년 동안 근무하며 부총재까지 오른 인물이다. 모국인 나이지리아에서 외교부, 경제부, 재무부 장관을 역임했다. 또 트위터, 스탠다드차타드 은행 같은 민간기업과 아시아인프라투자은행AIIB, 세계보건기구WHO, 유엔개발계획UNDP, 국제통화기금IMF 등 국제기구에서도 이사로 활동하며 다양한 영향력을 발휘했다.

전 세계 무역을 관리하는 WTO 수장 자리에 아프리카 출신의 오콘조가 올랐다는 것은 글로벌 무역에 있어서 아프리카가 그만큼 중요한 역할을 하게 됐다는 신호다. 특히 오콘조의 WTO는 아프리카 대륙의 전자상거래에 대해서도 목소리를 내며 아프리카 대륙의 '디지털 통합'을 외치고 있다. 위임 초기부터 전자상거래 규정이 없다는 한계에 대해 말하고, "여성과 중소기업의 성장을 도울 것"이라는 의견을 전했다. 아프리카 스타트업 생태계에 긍정적인 바람이 불고 있다.

미-중 갈등 속 키운 덩치

아프리카는 국제 경제뿐만 아니라 국제 정세에도 큰 영향을 끼치고 있다. 아프리카를 보면 미국과 중국이 보인다. 미국-중국 패권 경쟁은 아프리카에서도 진행되고 있다. 중국은 꽤 오래전부터 아프리카에 정성을 들이고 있다. 30년 연속 외교부 장관 첫 해외 순방지로 아프리카 지역을 택했을 정도다. 중국 정부는 2018년 아프리카 53개국 정상을 중국-아프리카 협력포럼 정상회의에 초대하여 무려 37개국과 일대일로 연관 협약을 체결했다. 2022년 기준 아프리카 대륙의 약 40개국과 일대일로 협약을 체결하며 막강한 영향력을 끼치고 있다.

이에 질세라 미국도 움직이기 시작했다. 조 바이든 대통령은 도널드 트럼프 정부에서 끊긴 아프리카와의 관계를 회복하려 나섰다. 2022년, 8년 만에 열린 두 번째 미국-아프리카 정상회의에는 아프리카 45개 국가 정상이 초청됐다. 바이든 대통령이 올인하겠다고 밝힌 550억 투자 계획은 한 해 5조 달러가 넘는 미국 1년 예산에 비하면 작지만 4500억 달러(600조 원)에 달하는 우리나라 예산을 생각하면 적은 돈이 아니다. 한 나라 전체 예산의 10퍼센트가 넘는 돈을 3년간 쏟아붓는 다는 뜻이다. 아프리카에 대한 바이든 대통령의 통 큰 결정은 아프리카에서 영향력을 넓혀가는 중국을 견제하기 위함이다. 아프리카에서의 패권을 확보하기 위한 미국과 중국이 본격적으로 경쟁의 닻을 올린 것이다.

국가 정상들의 발언 외에도 보이지 않는 경쟁이 이미

시작됐다. 경쟁의 불은 스타트업 생태계에도 옮겨붙었다. 미국 액셀러레이터나 투자자들은 아프리카 현지 스타트업 투자를 확대하고 있다. 북미 기업도 아프리카 시장에 인프라 투자를 늘리고 혁신센터를 설립하는 등 본격적으로 아프리카 시장에 진출하고 있다. 중국도 가만히 있지 않는다. 중국의 우버라고 불리는 디디추싱滴滴出行 등이 아프리카 현지에 서비스를 런칭했다. 나이지리아 핀테크 스타트업 오페이Opay와 중국 자본의 인수합병이 진행되는 등 중국은 투자를 확대하며 아프리카 스타트업 생태계에 진출하고 있다. 미국과 중국의 막강한 자본력은 아프리카 스타트업이 성장하기에 유리한 요소로 작용하고 있다.

두 나라의 관심이 아프리카로 향하는 이유는 바이든 대통령도 언급한 '아프리카의 미래'에 있을 것이다. 비록 아직은 아프리카 스타트업 생태계가 미성숙할지라도 성장하고 있는 시장임은 확실하기 때문이다. 목적 없는 투자는 없다. 전 세계에서 가장 젊고 풍부한 인구를 지닌 나라, 즉 잠재 고객이 몰려 있는 곳이니 미리 선점하는 것이 합리적인 판단이다.

글로벌 투자가 모이는 곳

아주 영리하게 움직이는 다른 국가들도 있다. 일본의 경우, 잘 알려지지 않았지만 아프리카 대륙에 대한 투자를 지속적으로 확대하고 있다. 2022년 8월, 아프리카 튀니지에서 개최된 도쿄국제아프리카개발컨퍼런스TICAD에서 향후 3년간 300억 달러를 아프리카에 투자한다고 밝혔다. TICAD는 1993년도에 시작된 국제 회의로 일본과 아프리카 국가의 지도자가 모여 경제 협력을 논의하는 자리다. 2022년에는 여덟 번째 회의가 열렸다.

국가적인 움직임만 있는 게 아니다. 도요타TOYOTA와 같은 일본 기업은 2019년부터 모빌리티Mobility54라는 자체 VC를 통해 투자하고 있다. 코트디부아르의 모빌리티 스타트업 모자 라이드Moja Ride, 케냐 물류 스타트업 센디Sendy에도 투자했다. 핀테크뿐 아니라 물류, 교통과 밀접한 모빌리티 스타트업에도 적극적인 투자가 이어지고 있는 것이다. 일본 원조기구인 일본국제협력기구JICA는 에티오피아 정부와 함께 스타트업 육성 프로그램을 운영한다. 또한 르완다, 우간다 등에서 ICT 혁신강화 프로젝트ICT Innovation Ecosystem Strengthening Project를 진행하며 아프리카와의 관계를 다지고 있다. 실제로 사무라이 인큐베이트Samurai Incubate 펀드, 언커버드Uncovered 펀드, 케플 아프리카 벤처스Kepple Africa Ventures 등 아프리카에 집중 투자하는 일본 투자사의 영향력도 큰 상황이다.

독일, 프랑스 등 유럽 국가도 정부 및 민간의 투자를 확대하고 있다. 이집트에서 가장 활성화된 창업 시설 중 한 곳은 독일의 원조기구인 GIZ가 지원하는 민간 액셀러레이터가 운영한다. 프랑스의 스타트업 프로그램 프렌치테크FrenchTech는 아프리카 프로그램을 별도로 진행한다. 우리나라도 일부 아프리카 국가에서 창업 프로그램을 확대하고 있지만, 일본과 같이 체계적인 프로그램을 운영하고 있지는 않다. 민간 투자자들도 아직까지 활발한 활동을 보이지 않는 상황이다.

누가 아프리카를 선점할까

아프리카의 동서남북을 대표하며 빅4라고 불리는 나이지리아, 케냐, 남아프리카공화국, 이집트가 아프리카 스타트업 생태계 투자 건수 및 투자액의 75퍼센트를 독점하고 있다. 다음으로 가나, 세네갈 등이 성장하고 있지만 이미 격차가 너무 벌어진 탓에 빅4를 따라잡기 힘든 상황이다. 빅4, 나아가 아프리카라는 시장을 선점할 이는 누구인가?

슈퍼 엔젤 투자자

나이지리아 스타트업 생태계에는 '슈퍼 엔젤 투자자'들이 활동하고 있다. 비즈니스에서 성공을 거둔 개인들이 경험을 기반으로 스타트업 재투자하며 생태계의 선순환 구조에 이바지하고 있지만 이들만이 아프리카 시장의 전부는 아니다. 유명한 엔젤 투자자 올루마이드 소욤보Olumide Soyombo는 1983년 나이지리아에서 태어났다. 중학교에 인터넷을 접하며 일찍이 기술 산업에 주목했다. 라고스에서 대학을 나와 60개가 넘는 신생 기업에 투자했다. 미국 투자자들의 영향력이 큰 나이지리아에서 눈에 띄는 행보다.

케냐는 범아프리카 기반의 펀드와 기업의 지역사무소가 많다. 유엔 사무소를 비롯한 국제기구들이 많고, 유럽투자은행EIB, 영국국제투자BII, 국제금융기구IFC 같은 대형 개발금융기구들이 있어 글로벌 경기 침체 등 거시 경제의 위기 속에서도 어느 정도 유연함을 가지고 대처할 수 있다. 사업 성과보다 사회적인 영향력을 고려하는 임팩트 스타트업에 대한 투자가 확대된다는 점도 시사하는 바가 크다.

남아프리카공화국은 벤처 캐피털이 자금 조달에 큰 영향을 끼치는 환경이다. 나스퍼스Naspers를 비롯하여 스탠다드뱅크, 나이프 캐피털 등이 남아공 생태계에서 활동한다. 이집트는 앞서 언급한 국가들의 특징이 조화를 이루고 있다는 특징을 보인다. 이집트 국립 은행과 같은 기업과 국제금융공사IFC 등의 대형 개발금융기구가 투자하고 있다. 또한 부동산을 제외하고 100만 달러 이상의 금융자산을 보유한 개인 고객을 의미하는 고액순자산보유자(HNWI·High Net Worth Individuals)의 활동도 두드러진다.

아프리카 대륙은 2022년 전체 투자액의 1퍼센트를 차지하지만 2021년 대비 성장이 이뤄졌다. 전 세계에서 유일하게 플러스 성장을 기록한 곳이다. 자료 출처별로 상이하지만 공통적으로 보이는 경향성은 2분기까지 가파른 성장을 기록했다는 점이다. 거시 경제 영향으로 3분기에는 다소 주춤한 모습을 보이기도 했지만, 2022년 975건 이상의 거래 건수를 기록했다. 투자액은 54억 달러 수준으로 직전 연도의 790건 52억 달러보다 높은 수준이었다.

가장 많은 투자를 모으고 있는 분야는 역시나 핀테크로 38퍼센트 정도를 차지하고 있다. 클린테크, 물류, 모빌리티, 전자상거래 순으로 많은 투자를 받았다. 투자 상위 국가는 나이지리아(25.4퍼센트), 케냐(24.2퍼센트), 이집트(18.4퍼센트), 남아프리카공화국(10.9퍼센트) 순이다. 물론 양적인 성장은 이루고 있지만, 100억 달러 이상의 투자를 의미하는 메가딜mega deal은 권역 외 투자자와 글로벌 액셀러레이터 등 해외 자본에 크게 의존하고 있다는 점도 앞으로 개선해야 할 구조적 문제로 보인다. 또 남성 창업자에게 몰렸다는 점도 있다. 아프리카 스타트업 생태계에서 여성 창업자 비중은 4.9퍼센트로 많지 않은 상황이다. 남성 창업자와 공동 창업자인 경우를 포함해도 9.7퍼센트 정도로 나타난다.

2021년 아프리카 스타트업 생태계 창업자의 성별과 관련한 흥미로운 조사가 있었다. 남성 창업자, 여성 창업자, 혼

성 창업자의 투자 상황에 관한 것이었다. 국가별로 전체 투자액 기준 남성 창업자의 비율은 이집트(99.8퍼센트), 나이지리아(95퍼센트), 남아프리카공화국(92퍼센트), 케냐(82퍼센트)로 나타났다. 그리고 눈에 띄는 것은 여성이 CEO로 있는 보건의료 분야 스타트업에 대한 투자액 비율은 29퍼센트로 나타났다는 점이다. 케냐의 경우 여성 CEO 스타트업 투자액 수치가 높은데, 그로 인텔리전스Gro Intelligence가 투자를 많이 모은 영향이 크다. 사라 멘커Sara Menker가 그로 인텔리전스의 설립자이자 CEO다. 참고로 우리나라의 경우 2020년 여성이 창업자로 있는 스타트업에 대한 투자 현황은 투자 건수 기준 6.6퍼센트, 투자금액 기준으로 8퍼센트 수준이다.

벤처 캐피털

아프리카 스타트업 생태계에 대한 편견은 하나씩 깨지고 있다. 비전 펀드Vision Fund도 아프리카 스타트업에 투자하고 있는 상황까지 알게 되면 아프리카 스타트업 생태계에 대한 의심은 완전히 지울 수 있으리라 생각한다. 일본 최대 통신사 소프트뱅크에서 운영하는 비전 펀드는 우리나라에서도 익숙한 이름이다. 비전 펀드는 세계 최대 규모의 기술 중심 투자 펀드로 2018년 설립됐다. 우리나라의 쿠팡, 야놀자에도 투자했고 우버Uber, 그랩Grab, 바이트댄스Bytedance, 위워크Wework 등 이름만

들으면 알 수 있는 유명한 포트폴리오를 가지고 있다. 이 투자사는 2021년 나이지리아 핀테크 스타트업 오페이에 4억 달러를 투자했고, 나이지리아 에너지테크 스타트업 샤이프트 파워 솔루션즈Shyft Power Solutions에 300만 달러를 투자했다. 이외에도 남아프리카공화국 에듀테크 스타트업 고원Go1, 범아프리카에서 활동하는 플랫폼 안델라Andela에 각 2억 달러를 투자했다.

비전 펀드뿐만 아니라, 글로벌 투자사들도 아프리카에 투자를 확대하고 있다. 2021년과 2022년에 10만 달러 이상 투자를 한 상위 10개사 중 스타트업에 관심을 갖는 사람이라면 알고 있을 만한 이름들이 많다. 와이콤비네이터Y-Cominator, 로프티잉크LofyInc, 테크스타즈Techstars, 플러그앤플레이Plug and Play 등이다. 일본계 자본인 베로드-캐플 아프리카 벤처Verod-Kepple Africa Venture도 있다. 특히, 와이콤비네이터나 테크스타즈, 플러그앤플레이와 같은 글로벌 액셀러레이터들이 많은 투자를 하고 있는데, 스타트업 육성 프로그램을 운영하는 등 초기 투자에 집중하고 있다.

그중 현존 액셀러레이터 중에 최고라고 여겨지는 와이콤비데이터가 아프리카 스타트업에 투자를 확대한다는 점은 시사하는 바가 크다. 와이콤비네이터는 1년에 2번 여름, 겨울에 배치Batch 프로그램을 모집한다. 그동안 여기에 참여하는 아프리카 스타트업은 많지 않았지만 상황이 변했다. 2012년 세네갈 웨이브Wave가 가장 처음으로 YC에 선정된 이후로, 페이스탁Paystack이 미국의 스트라이프Stripe에 인수되고 플러터웨이브Flutterwave, 웨이브Wave가 유니콘이 되는 등 가시적인 성과가 이어졌다. 2021년까지 70개가 넘는 스타트업이 됐으며, 2022년 기준 유니콘 지위를 앞뒀다고 평가 받는 코보Kobo360, 54제네gene, 마켓포스MarketForce 등도 와이콤비네이터의 출신이다.

아프리카 스타트업 투자에 적극적인 주체 중에는 국제기구나 지역개발은행들도 있다. 세계은행World Bank의 국제금융기구IFC는 2022년 프랑스 VC 벤처 캐피털인 파르텍Partech에서 운용하고 있는 파르텍 아프리카 펀드2Partech Africa Fund 2에 출자한다고 밝혔으며, 공동 투자를 위한 자금도 확보했다. 파르텍 아프리카 펀드1Partech Africa Fund 1에는 유럽투자은행, 네덜란드개발은행, 아프리카개발은행이 참여했다. 이 펀드를 통해서 씨드Seed 단계부터 시리즈D 단계의 스타트업에 투자를 집행할 계획을 밝혔다. 이뿐만 아니라 아프리카개발은행, 유럽연합 등 기타 기구가 장고 캐피털Janggo Capital이 운용하는 장고 스타트업 펀드Janngo Start-up Fund에 1050만 유로를 출자하기도 했다. 아프리카개발은행은 나이지리아 스타트업 생태계 활성화를 위해 1억 7000만 달러 투자를 승인하며 스타트업 투자를 확대하고 있다.

개발금융기구

국제기구는 스타트업 육성 프로그램을 통해 간접적으로 아프리카 스타트업에 투자를 진행하고 있다. 아프리카개발은행의 혁신창업랩Innovation and Entrepreneurship Lab을 비롯하여 유엔개발계획 액셀러레이터 랩UNDP Accelerator Lab 등이다. 독일의 GIZ는 메이크아이티 인 아프리카 Make-IT in Africa 프로그램을 운영하고 있고, 일본국제협력기구JICA에서도 닌자 액셀러레이터 NINJA Accelerator 를 운영한다. 한국국제협력단KOICA은 에티오피아에서 현지 정부와 창업 보육 시설, 코워킹 스페이스를 운영하는 등 창업 지원을 하고 있다. 중소벤처기업진흥공단은 한국의 청년창업사관학교 모델을 우간다로 옮겨 갔지만 이러한 프로그램을 통해 가시적인 성과를 보이고 있지는 않은 상황이다.

아프리카 스타트업 생태계의 큰 특징은 자금이 외부 자원에 몰려 있다는 것이다. 다시 말해, 글로벌 경제 위기 속에서는 자금줄이 마를 수도 있다는 뜻이다. 하지만 이럴 때 개발금융기관의 투자가 완충재 역할을 하기도 한다. 2022년 다른 대륙의 스타트업들이 투자 빙하기를 맞았을 때, 아프리카 스타트업 생태계로 향하는 투자 열기는 심각할 정도로 가라앉

지는 않았다. 그 이유가 바로 개발금융기관이다. 개발금융기관의 경우, 민간 투자사와 비교해 글로벌 위기에 상대적으로 덜 민감하기 때문이다. 또 기업의 사회적 영향력을 평가하는 임팩트 투자를 추구하는 펀드가 많아 쉽게 투자를 줄이지 않는 편이다. 이는 사회 문제를 해결하고 있는 아프리카 스타트업의 특징과 닿아 있는 부분이다.

글로벌 기업

오픈 이노베이션Open Innovation은 기업이 필요로 하는 기술과 아이디어를 외부에서 조달하는 한편, 내부 자원을 외부와 공유해 새로운 제품이나 서비스를 만들어내는 것을 말한다. 예전에는 내부 연구개발을 통해 기술을 내재했다면, 최근에는 외부 기술이나 아이디어 유입을 확대하고 있다. 아프리카 스타트업 생태계에도 오픈 이노베이션이 일어날까? 구글, 비자, 마이크로소프트, 아마존은 케냐 등에 혁신센터를 설립하는 한편, 인프라 투자에도 적극적인 상황이다. 특히 구글은 2021년부터 향후 5년간 1억 달러를 투자하겠다고 공표했다. 가장 큰 프로젝트는 인터넷 인프라 구축이다. 남아프리카공화국, 나미비아, 나이지리아, 세인트 헬레나Saint Helena 섬을 거쳐 유럽의 포르투갈 리스본으로 연결되는 해저 케이블을 만들고 있다. 이 케이블은 인터넷 속도를 20배 더 빠르게 만들 전망이다. 그렇게 된다면 나이지리아는 인터넷 가격을 21퍼센트 인하할 수 있으며, 남아프리카공화국은 3배 빠른 인터넷을 누릴 수 있게 된다. 이에 그치지 않고 구글은 5000만 달러 규모 아프리카 스타트업 투자 펀드를 결성하여 스타트업 육성에도 힘을 쓰고 있다. 케냐에 위치한 아프리카의 첫 혁신센터는 구글 서비스를 아프리카 대륙에 맞춰 현지화하는 역할을 한다.

글로벌 카드사 비자의 경우에도 2022년부터 향후 5년간 1억 달러를 투자하겠다고 밝혔다. 비자는 발표 이전에도 스타트업 육성 프로그램을 통해 남아프리카공화국 핀테크 스타트업 주모Zumo, 나이지리아 핀테크 스타트업 플러터웨이브에 투자했다. 자체 액셀러레이팅 프로그램도 지속적으로 운영하고 있다. 2022년, 케냐에 이노베이션 허브라는 혁신센터를 만들어 핀테크 기술 개발, 서비스 현지화·상용화를 목표로 현지 스타트업과의 오픈 이노베이션을 확대했다.

변화를 위해 페이스북에서 회사명까지 바꾼 메타Meta는 아프리카와 유럽, 중동을 연결하는 국제 해저 통신 케이블을 구축하고 있다. 현지 통신사들과 함께 하고 있으며 2023년에 전체 운용될 예정이다. 케이블이 도착한 남아프리카공화국에서는 통신사 엠티엔MTN이 2022년 12월 13일 관련 서비스를 런칭하기도 했다. 메타는 2016년 개발도상국의 현지 통신사가 운영하는 와이파이 핫스팟을 통해 인터넷에 접근할 수 있게 하는 익스프레스 와이파이Express Wi-fi 서비스를 런칭했다. 인터넷 접근성이 낮은 개발도상국을 대상으로 거의 무료에 가까운 비용의 서비스를 제공하는 것이다. 정보 접근성 향상이라는 목적으로 아시아, 남미 등 30개국서 운영한다. 하지만 메타의 비즈니스상 어려움으로 인해 아프리카에서는 중단되기도 했다.

제로 베이스, 아프리카

스타트업 거품이 걷히고 있다고 한다. 그럼에도 불구하고 아프리카 스타트업 생태계는 고도화되고 있다. 계속 강조하듯 스타트업 투자액이 확대되고 있다는 점이 근거다. 아프리카 내 해외 투자자들의 활동도 활발하다. 2022년 투자를 진행한 VC 리스트를 보면, 아프리카 권역 외에서 진행한 경우가 많다. 가장 많은 건수의 거래를 진행한 5개의 투자자들 중 모리셔스에 위치한 런치아프리카를 제외하면, 구글, 와이콤비네이터, 테크스타즈, 로프티잉크 모두 권역 외 투자자들이다.

아프리카 대륙엔 투자를 방해하는 요소들이 여전히 많다. 소말리아, 리비아, 중앙아프리카공화국은 최근까지 내전을 겪고 있고, 남아프리카공화국, 말라위 등은 민주화 갈등을 겪고 있다. 아프리카 대륙 전반에 걸쳐 고도화되지 못한 규제와 법률은 스타트업에게 또 다른 리스크가 된다. 이렇게 높은 리스크에도 많은 국가와 기업이 아프리카를 주목하는 이유는 무엇일까?

스타트업 정신이 그곳에 있기 때문이다. 개선할 점이 많다는 것은 리스크인 한편, 페인 포인트를 찾아 나서는 이들에겐 성장의 기회이기도 하다. 냉정한 상황 파악은 모험을 떠나는 이들에게 약이 된다. 스타트업 생태계의 리스크를 냉정하게 살펴 보면 위기가 기회의 또 다른 이름임을 알 수 있다.

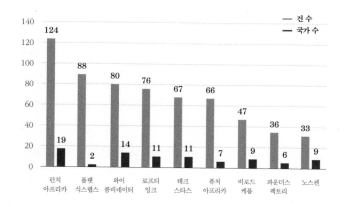

2021-2022 아프리카 내 투자 순위(100,000 달러 이상)

(그래프 범례: 건 수 / 국가 수)

구분	건 수	국가 수
런치 아프리카	124	19
플랫 식스랩스	88	2
와이 콤비네이터	80	14
로프티 잉크	76	11
테크 스타스	67	11
퓨처 아프리카	66	7
비로드 케플	47	9
파운더스 팩토리	36	6
노스젠	33	9

* 출처: The Big deal

거시 경제의 위기

아프리카의 스타트업 생태계에서 '불안'이라는 단어를 완전히 배제할 수는 없다. 2022년 상반기까지만 해도 아프리카 스타트업 생태계가 지속적인 우상향 그래프를 그릴 것이라는 전망을 전혀 의심하지 않았다. 2022년 하반기부터 나타난 글로벌 경제 위기는 아프리카 스타트업 생태계에 큰 도전이 됐다. 안 그래도 아프리카 스타트업 시장에 진출은 엄청난 리스크를 안고 가는 것인데, 거시 경제의 위기라는 추가적인 변수를 만난 것이다.

글로벌 투자 위기의 직격탄은 공평했다. 2022년 미국 실리콘 밸리 빅테크 기업의 인력 해고 영상이 소셜 미디어에서 밈meme으로 생성되었다. 전 세계 376개 테크 기업에서 10만 명 이상의 직원이 해고됐다. 아프리카 스타트업도 별반 다르지 않았다. 아프리카에서 기업공개IPO를 주도한, 소위 잘나간다는 스타트업 역시도 사업을 축소하고 인력을 감축했다. 아프리카 스타트업 생태계 대표 기업이라고 불리는 전자상거래 스타트업 주미아는 전체 인력의 20퍼센트인 900명을 2022년 4분기 대량 해고했다. 차량 공유 플랫폼 스위블은 2022년 3분기 400명을 감축하고 4분기에는 또다시 남은 인력의 50퍼센트에 해당하는 450명을 해고했다. 이 두 기업 모두 가파르게 성장해 뉴욕증시에까지 상장한 기업이다. 이들의 갑작스러운 해고는 아프리카 스타트업 생태계에 위기감을 조성했다.

인력 감원은 회사의 상황을 가장 잘 보여주는 지표다. 이는 투자 심리 축소로 이어진다. 신생 스타트업이 많고, 성장하고 있고 국제금융기구의 투자도 적지 않았기 때문에 아프리카를 아예 다른 시장으로 분리해 놓고 보는 시각들이 많았다. 하지만 보수적인 투자에 나선 투자자들에게 아프리카의 리스크는 더욱 크게 보인 모양이다. 3분기 이후부터 본격적으로 투자가 잠잠해지기 시작하더니, 4분기에는 같은 시기

전년도 보다 낮은 투자액을 기록했다.

　　이러한 상황은 외부에 의해서 형성된 스타트업 생태계의 한계로도 볼 수도 있다. 현지 스타트업이 많이 탄생하고 있지만, 외국인, 유학생 출신 창업자와 투자자에 크게 의존하고 있다. 이러한 구조는 스타트업 생태계의 창업-성장-투자 선순환에 있어 회복탄력성resilience이 낮아지는 결과를 낳는다.

찾기 힘든 Made in Africa

앞서 언급한 나이지리아 출신 창업자 이놀루와 아보예지는 캐나다 워털루 대학교에서 유학했다. 투자 유치에 성공한 스타트업 CEO의 출신 대학 소재지를 조사한 결과, 나이지리아 28퍼센트, 케냐 14퍼센트, 이집트 66퍼센트, 남아프리카 공화국 67퍼센트로 나타났다. 빅4를 제외한 나머지 국가에서도 14퍼센트만 권역 내 대학을 졸업한 졸업생이었다. 그리고 100만 달러 이상 투자 유치한 스타트업 CEO 중 35퍼센트가 아프리카 권역 대학교를 졸업했다. 유럽 소재 대학교 졸업생이 31퍼센트, 미국 소재 대학교 졸업생이 29퍼센트였다. CEO가 자국인이 아닐 가능성이 높고, 아프리카를 대상으로 스타트업을 운영하지만 본사는 아프리카 현지가 아닐 가능성도 있다. 하지만 우리나라 역시도 비슷한 과정을 겪었다. 초기 국내 스타트업 생태계는 이민자들이나 유학생을 중심으로 형성됐다. 다양한 문화에서 유입된 인물이 스타트업 생태계를 성장시키고 있다는 점은 강점이 될 수도 있다.

하지만 자국에서 시작한 스타트업이 다시 해외로 본사를 이동하는 플립flip 현상이 확대하고 있다는 점은 분명 개선해야 할 문제다. 우수한 금융 인프라를 갖추고 투자 유동성이 높은 미국과 유럽 등으로 이동하고 있다. 투자 유치나 엑시트exit 등 성장을 위한 이유일 것이다. 실제로 파우리Fawry, 페이스탁Paystack, 밤부Bamboo, 플러터웨이브 등은 투자를 위해 플립했다. 페이스탁은 미국 핀테크 회사인 스트라이프Stripe에 인수되며 엑시트하기도 했다. 아프리카의 불안한 법률과 규제도 이유가 된다. 런치패드Launchpad와 같은 투자자들은 대륙 내 모리셔스와 같은 세금 지원이 많은 국가에서 운영하기도 하지만, 성장한 스타트업들은 스톡옵션, 신디케이트 투자 등 법이 상대적으로 유연한 유럽과 미국으로 떠나는 경우도 있다. 아무리 좋은 아이템을 가지고 성장할지라도 메이드 인 아프리카Made in Africa라고 할 수 있는지 의문이 따르는 이유가 여기 있다. 아프리카 대표 스타트업인 주미아의 본사는 독일에, 스위블의 본사는 아랍에미리트에 있다. 와이콤비네이터 프로그램에 참여하고 있는 많은 씨드 단계 스타트업들도 미국에 본사를 두고 있다. 하지만 앞서 말했듯, 본사를 해외에 두는 것은 불안한 거버넌스를 극복하기 위한 자구책일 뿐 고용과 비즈니스는 아프리카를 중심으로 이뤄지고 있다는 점에서 아프리카 스타트업이라고 볼 수 있다.

　　불안정한 거버넌스는 또 다른 문제를 만들어내는데, 바로 인력 유출, 두뇌 유출brain drain이다. 단순 노동 인력이 아닌 고급 인력들의 유출은 스타트업 생태계에도 악영향을 끼치는 요소 중 하나이다. 아프리카 대부분 국가가 인력 유출으로 많은 어려움을 겪고 있다. 그중에서도 나이지리아에는 자파JAPA라는 단어가 자주 눈에 띈다. 나이지리아 언어로 자국 인력 유출이라는 뜻이다. 실제로 10만 명이 넘는 나이지리아 소프트웨어 개발자가 해외로 이주하여 일하고 있다. 소프트웨어 인재 유치 정책을 펼치고 있는 캐나다, 미국, 아일랜드 등이 나이지리아 출신 개발자들의 선택을 받고 있다. 기술 인재를 영입하기 위한 산업을 육성하는 많은 국가에 젊고 '테크 쎄비 Tech Savvy'한 아프리카 기술자들은 매력적이다. 특히 나이지리아, 케냐의 경우 영어를 모국어로 활용하기 때문에 의사소통에도 문제가 없다. 뿐만 아니라, 구글, MS와 같은 빅테크 기업의 프로그램이나 정규 교육을 이수해 IT 엔지니어로서 육성이 잘 되어 있는 인재가 많다. 이들이 자국을 떠나는 이유로는 불안한 치안, 낮은 임금, 높은 실업률 등이 복잡하게 얽혀 있다. 코로나19로 인해 긱gig 인력들이 국외 스타트업에서 비대면으로 일하기 좋은 환경이 되었다는 점도 한몫한다. 인력 유출을 막는 것은 아프리카 스타트업 생태계가 마주한 장기적인 과제다.

때문에 아프리카의 많은 국가가 스타트업 생태계를 고도화하기 위해 스타트업 법을 제정하고, 부족한 부분을 메우기 위한 정책을 마련하고 있다. 가장 시급한 것은 금융 및 사회 인프라의 한계다. 스타트업이 기술을 통해서 사회 문제를 해결하고 있지만, 실질적으로 이러한 스타트업이 자국을 떠나는 아이러니한 상황을 막기 위한 대책이 필요하다.

불안한 사회 인프라

아프리카 스타트업 생태계의 또 다른 약점으로는 불안한 정치나 금융 시스템이 언급된다. 실제로 아프리카 대륙에서 은행 계좌를 가지고 있지 않은 성인은 57퍼센트다. 예금과 같은 기본 금융 인프라를 경험하지 못했을 뿐 아니라 대출, 카드 등의 서비스를 활용하지 못하는 사람들도 많다. 가장 유명한 성공 사례인 엠페사를 비롯하여 오페이, 플러터웨이브와 같은 핀테크 스타트업이 이러한 부분을 개선하며 기회를 발굴하고 있지만, 전통적인 인프라가 매우 부족한 것이 현실이다.

인프라의 한계에 대해 연구할 때도 다르게 접근해야 했다. 예를 들면, 설문 조사를 진행하기 위해 PC 대신 모바일 친화적인 설문지를 구성해야 했다. 설문에 대한 비용을 보상할 때에도 계좌이체가 쉽지 않아 스타트업을 활용했다. 아마존이 아닌 기프트 카드 서비스를 제공하는 현지 스타트업을 활용했는데, 불안해 하는 나를 발견하기도 했다. 플러터웨이브가 카드 결제 창에 나와 있어 안심이 들긴 했지만, 자동이 아닌 수기로 기프트 카드를 발송하는 시스템이라 며칠 동안 긴장을 하기도 했다.

아프리카 스타트업은 대부분 대도시에 위치해 있어 인터넷 사용에 크게 제한을 받지 않는다. 하지만 기업의 소비자는 다를 수 있다. 사하라 이남 아프리카의 경우 1기가바이트당 평균 6.44달러로 오세아니아 5.51달러, 남아메리카 5.25달러보다 비쌌다.[5] 이러한 부분은 모바일 데이터를 활용한 서비스에서 한계를 가질 수밖에 없으며, 공공 와이파이가 없다면 쉽지 않을 수 있다.

규제에 대한 인식은 국가마다 다르지만, 나이지리아의 경우에는 정책에 대한 불신이 매우 강하게 나타난다. 정부의 규제로 스타트업이 갑자기 문을 닫는 일이 생기기도 한다. 차량 공유 서비스 라이드 헤일링Ride Hailing을 운영하던 스타트업 고카다Gokada는 규제 때문에 일주일 사이에 인력 70퍼센트를 해고했다. 맥스닷엔지MAX.ng는 비즈니스 모델을 바꿔야했다. 아프리카 스타트업의 성장은 거스를 수 없는 흐름이고, 이를 보완하기 위한 정부의 노력이 반드시 뒷받침되어야 할 것이다. 이런 현실적인 한계를 명확히 인지하고 있다면, 이를 기회로 만들 수 있다.

아프리카에서 살아남기

아프리카 스타트업 자체에 관심을 기울여야 하는 이유도 있다. 5년 전만 해도 한국에서 외국인 창업자를 보는 것은 어려웠지만, 이제는 외국인 창업자들도 눈에 띈다. 2016년부터 우리나라의 정보통신산업진흥원은 'K-스타트업 그랜드 챌린지'라는 프로그램을 통해서 매년 50개 이상의 해외 스타트업을 국내로 유치했다. 매년 100여 개 국가에서 2000개 이상의 스타트업들이 국내에 진출하기 위해 경쟁한다. 한국뿐만 아니라 프랑스, 싱가포르, 독일 등에서도 우수 스타트업을 자국에 유치하고 있다.

정부 차원에서 따로 노력을 기울이지 않아도 아프리카 대륙에는 이미 외국인 창업자의 비율이 높다. 주미아의 경우 프랑스 출신 두 명이 설립하여 현재까지 운영되고 있으며, 오페이의 CEO는 저우 야후이周亞輝라는 중국의 억만장자다. 안델라의 CEO 제레미 존슨Jeremy Johnson도 미국인이다.

누군가는 스타트업이라는 개념 자체가 북미에서 넘어왔기 때문에 당연한 것이라 생각할 수도 있다. 하지만 아프리카 스타트업 창업자의 출신 대학을 보았을 때, 남아프리카공화국 케이프타운 대학교가 가장 많았다. 미국 스탠퍼드 대학교, 이집트 카이로 아메리칸 대학교, 나이지리아 라고스 대학교, 영국 옥스퍼드 대학교가 뒤를 이었다.[6] 다시 말해, 남아프리카공화국과 이집트의 경우에는 권역 내 대학 출신들의 CEO도 많은 상황이다. 해외에서의 경험을 가진 CEO들과 현지에서의 경험을 가진 CEO들이 함께 만들어가는, 그래서 더욱 역동성을 지닌 생태계라고 볼 수 있다.

많은 국가가 아프리카 스타트업 생태계는 외국인과 유학생 출신이 이끌기 용이한 환경이라는 점을 적극 활용하고 있다. 이는 한국에 많은 점을 시사한다. 외부의 영향력이 큰 아프리카 스타트업 생태계는 다시 말해, 기회다. 그렇다면 앞으로 아프리카를 어떻게 보아야 하나? 대아프리카 정책이라고 부를 만한 것이 있는 상황인가? 아프리카 시장을 노리는 스타트업이 있는가? 가장 좋은 조언은 현지에서 활동하고 있는 사람에게 구하는 것이다. CEO, 액셀러레이터 등 현지 생태계에서 활동하는 이들을 만나 이야기를 나눈 후 정리한 팁을 소개하며 마무리하려 한다.

선입견은 적게, 정보는 많이

모든 선입견을 버리고 뛰어드는 것은 비즈니스에서 무모한 짓일 수도 있다. 분명한 것은 아프리카는 우리나라와 다르다는 것이다. 국가별로 다른 인프라를 기반으로 성장하고 있다. 현지 데이터와 네트워크를 최대한 확보하고 그와 관련된 개별화된 전략으로 진출 계획을 세워야 한다. 개발도상국에서 응용했던 제품이나 서비스를 아프리카에 바로 적용하면 성공할 수 있을 거라 생각하기도 한다. 하지만 아프리카는 다양한 문화를 지닌 대륙이다. 시장 진출 전, 사전 조사에 반드시 힘써야 한다. 링크드인이나 현지 주요 스타트업 저널을 주기적으로 활용하는 것도 좋은 방법이 될 것이다. 나 역시도 링크드인을 통해서 현지 스타트업 생태계에서의 네트워크를 확대하고 관련 정보를 얻었다.

적정한 기술

ICT 기술을 활용한 스타트업이라면 반드시 모바일 환경이 지배적인 아프리카 상황을 이해해야 한다. 특히 B2C 시장에서는 모바일 데이터를 많이 쓰거나, 너무나 고도화된 기술을 활용한다면 사용자들을 확보하는데 쉽지 않을 것이다. 나라의 상황에 맞는 '적정'한 기술을 기반으로 진출을 해야 한다. 물론 B2B 기업이나 모바일 환경이 발달한 국가라면 고도화된 기술을 활용하는 것도 좋은 전략이 될 수 있지만, 그 또한 너무 앞서지 않는지 살펴야 한다. 아프리카에서는 가성비를 챙기는 적당한 혁신이 유효할 것이다.

정부 지원

아프리카 시장에 진출하는 것은 분명 쉬운 일은 아니다. 아프리카 내 비즈니스 활동을 지원하는 정부 사업이 많이 나오고 있다는 점을 주목해야 한다. 한-아프리카재단의 경우, 아프리카 진출 스타트업 아이디어 공모전이나 스타트업 액셀러레이팅 프로그램을 운영하기도 한다. 한국국제협력단KOICA에서도 아프리카에 한정된 사업은 아니지만, 개발도상국을 중심으로 혁신적기술프로그램CTS, 포용적비즈니스프로그램IBS 등을 운영하고 있다.

글로벌 또는 현지 액셀러레이터

외국인 스타트업 창업자들도 와이콤비네이터나 500 같은 글로벌 액셀러레이팅 프로그램으로 성장하곤 한다. 글로벌 프로그램의 경우 국적이나 진출 국가의 제한이 적은 편이다. 유럽이나 중동의 액셀러레이팅 프로그램을 통해서 아프리카 현지로 진출하는 방법도 있다. 아프리카 현지 액셀러레이팅 프로그램도 운영 중이다. 메스트(MEST·Meltwater Entrepreneurial School of Technology) 등 아프리카 현지 스타트업 육성 프로그램을 통해 성장한 사례들도 있다.

개발금융기관

아프리카 스타트업 생태계의 가장 큰 차별성은 개발금융기관이 많이 참여하고 있다는 점이다. 관련 프로젝트가 매년 확대하고 있으며 스타트업이 투자받을 기회도 늘어나고 있다. 관련 프로그램에 조달로 입찰할 기회도 많다. 현지 기업이나 스타트업과 협력할 기회도 제공하니 현지 진출을 위해서 개발금융기관을 활용하는 것이 중요하다.

에필로그　　　　아프리카에 스타트업이 산다

이집트 현지의 스타트업 지원 시설을 방문했을 때였다. 시설과 인테리어만 봤을 때, 여기가 한국인지 미국인지 구분이 되지 않았다. 무작정 찾아간 그곳에서 만난 친구들은 누구보다 나를 환영해 줬고 자신들의 생각을 나눠 줬다. 복도에서 만난 친구는 나를 자신의 업무 공간으로 데려가 팀 멤버들에게 소개하기도 했다. 근무하는 스타트업의 향후 비전이나 자신들이 꿈꾸는 세상도 공유해 줬다. 언어는 비록 달랐지만 스타트업 정신을 몸소 느낄 수 있었던 시간이었다. 어느 나라에 있는지가 중요한 것이 아니었다. 스타트업에 관련된 일을 하고 있다는 그 자체로 같은 정체성을 공유하는 느낌이었다. 나이지리아, 케냐, 남아프리카공화국 스타트업 관계자들을 인터뷰하고 연구할 때도, 그들은 지구 반대편에 있는 처음 보는 나에게 누구보다도 열정적으로 본인의 경험을 얘기했다. 덕분에 연구를 잘 마무리할 수 있었다. '스타트업'이라는 단어에 동질감을 느낄 때, 그때 깨달았다. 스타트업은 공간이 아닌 하나의 문화이자 정신임을 말이다. 자신의 생각과 비전을 열정적으로 공유하고 남김없이 실현하는 정신 말이다.

그래서일까. 이따금 스타트업이라는 단어 하나로도 기분 좋은 변화가 일어날 것만 같은 기분이 든다. 돌이켜 생각하면, 개발협력학을 공부하면서도, 아프리카 그리고 이와 전혀 어울리지 않을 것 같은 스타트업이라는 키워드에 초점을 맞추어 연구를 진행하면서도, 내가 꿈꾸던 것은 이러한 정신이었을지 모른다. 새로운 변화의 바람을 일으킬 수 있을 것이란 마음 말이다.

오랜 기간 아프리카를 향한 시선은 변하지 않았다. 몇십 년 동안 관행처럼 진행된 원조는 그 효과를 의심하게 했다. 동시에 이러한 문제를 스타트업이 해결할 수 있을 것이라는 막연한 생각을 했다. 참 다행스럽게도 그 생각이 옳았다. 아프리카 스타트업 생태계에 관심을 갖기 시작했던 순간과 지금을 놓고 비교했을 때, 아프리카에서는 많은 변화가 일어났으며, 이 변화는 긍정적이었다.

아프리카 스타트업 생태계의 미래는 어떻게 될까? 많은 어려움에도 시장으로서 아프리카의 중요성은 커질 것이다. 아프리카 대륙은 젊고 풍부한 인구를 기반으로 사용자 확대를 원하는 기업들을 설득할 것이며, 부족한 사회 인프라는 스타트업이 개선할 것이다. 어떤 나라의 스타트업 생태계도 처음부터 지금과 같지 않았다. 미래를 보는 국가라면 아프리카를 놓치지 않는다. 베이스에서 성장하고 있는 아프리카 스타트업이 만드는 변화의 영향은 더욱 클 것이라고 본다.

이제 우리나라도 아프리카 스타트업 생태계를 주목할 시간이다. 아프리카 스타트업 생태계를 '가능성이 있는 시장', 그리고 '관심을 가져야 하는 시장'으로 바라볼 시간이다. 한

권에 담기에는 넓은 대륙이다. 아프리카의 54개 나라는 각자 다른 특징으로 성장하고 있다. 나의 연구와 조사가 그 일부만을 담지 않았을까, 아쉬움이 존재하기도 한다. 그래서 아프리카 스타트업 생태계에서 활동하고 있는 관계자들의 목소리를 생생히 담기 위해 더욱 노력했다. 아프리카 스타트업에 대한 정보들이 앞으로도 많이 공유되었으면 하는 바람이 크다.

아프리카 스타트업 생태계를 연구하는 일, 아무도 모르는 곳에 깊이 들어가는 일은 외로움의 연속이었다. 처음 이 책을 쓰면서 가졌던 목표는 '아프리카에도 스타트업이 있구나' 하는 인식을 전달하는 것이었다. 마지막 장 집필을 마친 지금 나는 조금 더 큰 욕심을 갖게 되었다. '아프리카 스타트업이 세상을 바꿀 수 있다'는 생각의 전환이 일어나길 바란다. 이를 위해 때로는 따뜻하게, 때로는 냉정하게, 그리고 쉽게 읽힐 수 있도록 썼다. 어떻게 가 닿았을지 모르는 일이지만, 아프리카에서 스타트업이 만들고 있는 역동적인 그 '정신'을 느낄 수 있는 시간이었으면 좋겠다.

주

1 _ Africarena, 〈The State of Tech in Africa 2023〉, 2023.

2 _ Briter Bridges, 〈Africa Investment Report 2022〉, 2022.

3 _ Partech, 〈2022 Africa Tech Venture Capital Report〉, 2022.

4 _ A4AI, 〈2021 Mobile Broadband Report USD〉, 2022.5.17.

5 _ Carmen Ang, 〈What Does 1GB of Mobile Data Cost in Every Country?〉, Visual Capitalist, 2020.7.3.

6 _ Max Cuvellier, 〈Homegrown talent still has it harder〉, Africa: The Big Deal, 2022.3.8.

글로벌 시장은 포화 상태다. 해답과 기술이 넘쳐나기 때문이다. 혁신의 상징이었던 스마트폰만 해도 위기를 겪고 있다. 주요 국가의 스마트폰 보급률이 80퍼센트를 넘어서면서 시장은 축소됐다. 카운터포인트 조사에 따르면, 글로벌 출하량은 2018년부터 감소했다. 사람들을 놀라게 할 만한 혁신을 만들지 못한 기업은 새로운 시장을 찾아 나섰다. 그리고 찾아냈다. 바로 아프리카 대륙이다.

우리나라도 예외는 아니다. 2021년 삼성전자가 중동·아프리카 지역에서 점유율 1위를 차지했다. LG전자는 2022년 중동·아프리카 지역에서 3조 3572억 원의 매출을 올렸다. 전년 대비 21퍼센트 급상승한 수치로, 중국에서 달성한 매출 2조 6395억보다 높았다. 남아프리카공화국 더반에는 LG전자의 TV와 모니터를 생산하는 현지 생산 법인이 있다.

기회의 땅, 아프리카는 왜 그간 보이지 않았을까. 이 책은 그 지점에서 출발했다. 아프리카 대륙은 머나먼 나라에 불과했다. 이머징 마켓emerging market 중 하나로 주목할 뿐이었다. 그마저도 중동과 묶어서 분석하곤 했다. 저자는 현지인에게 직접 물어 아프리카에 대한 정보를 찾아 나섰다. 이 책은 그 결과물이다.

아프리카 대륙에서 저자가 발견한 것은 다름 아닌 스타트업 정신이었다. 세계에서 가장 젊은 대륙의 젊은 창업자들이 만들어 내는 역동성에서 아프리카의 미래를 본 것이다. 높은 문맹률, 인프라 부족 등 아프리카 대륙은 그야말로 문제가 많다. 아프리카 기업은 이를 발판 삼아 성장하고 있다. 완벽에 가까운 기술들이 나오는 시대, 해답보다 찾기 어려운 것은 '해결해야 할 문제'다. 이미 해결된 문제는 관심사가 아니다.

스타트업이 내놓은 획기적인 아이디어는 정부보다 빠르다. 케냐에 기반을 둔 스타트업 선컬처Sun Culture는 농업 분야에 기술을 덧입혔다. 소규모 농부에게 태양광 패널이 부착된 관개 장비를 공급한다. 농업용수를 끌어오는 펌프를 태양 에너지로 움직이는 장비다. 선컬처는 합리적인 가격으로 재생에너지를 제공해, 아프리카의 농업 생산성을 높이며 온실가스 배출까지 줄이고 있다. 블룸버그 뉴 에너지 파이낸스 보고서Bloomberg NEF는 아프리카 스타트업 선컬처를 '뉴 에너지 파이오니어New Energy Pioneer'로 선정했다.

스타트업은 아프리카의 미래를 개척하고 있다. 기업의 가치는 현재보다 미래를 따져 산정된다. 기업은 미래에 벌어들일 모든 돈의 총합으로 평가된다. 특히 기술 기업의 경우, 평가된 기업 가치를 현실에 옮기기까지 10년 넘게 걸리기도 한다. 핀테크 붐이 일고 있는 아프리카의 미래가 더욱 기대되는 이유다.

이들이 만들어 내는 역동성은 머지않아 세계를 바꿀 것

이다. 국제 경영 전략 전문가 마우로 기옌Mauro F. Guillen은 다음 산업혁명이 예상되는 곳으로 아프리카 사하라 이남 지역을 지목했다. 세계은행은 2030년까지 아프리카에서 농업과 산업의 이중 혁명이 일어난다고 전망했다. 그러면서 향후 아프리카 대륙의 경제 규모를 1조 달러로 추산했다.

변화를 직감한 글로벌 기업인들은 아프리카로 향했다. 트위터 창업자 잭 도시Jack Dorsey는 아프리카가 미래를 주도할 것이라고 말했다. 알리바바 창업자 마윈馬雲은 2019년 '잭마 재단'을 설립해, 매년 아프리카 유망 신생 기업인 한 명을 선발해 100만 달러의 상금을 수여한다. 문제 많은 아프리카 대륙의 상황은 세계의 기업인들을 자극하고 있다.

페이팔 공동 창업자이자 《제로 투 원Zero to One》의 저자 피터 틸Peter Thiel은 사람은 대부분 현재를 살기 때문에 잠재력을 쉽게 놓친다고 말한다. 이 책은 한발 앞선 미래를 소개한다. 아프리카 대륙은 0에서 1이 되는 순간을 앞두고 있다. 이 책을 덮고 나면, 그 순간을 더욱 깊이 이해할 수 있을 것이다. 나아가 제로 베이스에서 혁신을 꿈꾸는 모든 이들에겐 좋은 지침서가 되어 줄 것이다.

정원진 에디터